绿色宜居村镇建设项目多目标决策研究

Multi-Objective Decision-Making Research on Green and Livable Villages and Towns Construction Projects

刘晓君　孙肖洁　著

中国建筑工业出版社

图书在版编目（CIP）数据

绿色宜居村镇建设项目多目标决策研究＝Multi-Objective Decision-Making Research on Green and Livable Villages and Towns Construction Projects / 刘晓君，孙肖洁著.—北京：中国建筑工业出版社，2021.10

ISBN 978-7-112-26757-6

Ⅰ.①绿… Ⅱ.①刘…②孙… Ⅲ.①城乡建设—研究—中国 Ⅳ.①F299.21

中国版本图书馆CIP数据核字（2021）第215890号

"实施乡村建设行动"是"十四五"时期全面推进乡村振兴的重点任务。为提升乡村基础设施和公共服务能力，各类绿色宜居村镇建设投资持续增加，大量的绿色宜居村镇项目需要进行科学决策。建设项目决策目标有哪些？如何协调多个决策目标？如何协同多个决策主体？如何综合评价多个决策目标？成为绿色宜居村镇建设项目决策必须回答的四个问题。为探索和破解上述问题，本课题组在"十三五"国家重点研发计划课题的支持下，在大量调查研究和科学论证的基础上，给出了有据可依且可供业界、学界和政府相关部门参考的答案。

本书可为各类绿色宜居村镇建设项目投资主体提供决策理论指导，可作为政府部门制定绿色宜居村镇工程决策管理办法的参考依据，也可供工程经济与管理等专业领域的本科生、研究生研读，还可作为欲了解绿色宜居村镇建设项目决策理论与方法的读者的参考书。

责任编辑：张　晶　牟琳琳
版式设计：锋尚设计
责任校对：焦　乐

绿色宜居村镇建设项目多目标决策研究
Multi-Objective Decision-Making Research on Green and Livable Villages and Towns Construction Projects
刘晓君　孙肖洁　著

*

中国建筑工业出版社出版、发行（北京海淀三里河路9号）
各地新华书店、建筑书店经销
北京锋尚制版有限公司制版
天津翔远印刷有限公司印刷

*

开本：787毫米×960毫米　1/16　印张：12½　字数：172千字
2021年12月第一版　2021年12月第一次印刷
定价：**42.00**元
ISBN 978-7-112-26757-6
（38576）

版权所有　翻印必究
如有印装质量问题，可寄本社图书出版中心退换
（邮政编码100037）

前 言

绿色宜居村镇是"乡村振兴战略"的总要求之一,是生态文明背景下推进新型城镇化、促进城乡统筹发展的重要举措。在国家政策、政府投资的引领支持下,各类绿色宜居村镇建设项目的申报数量持续增加,大量的建设项目亟需决策。在中央要求坚定不移贯彻创新、协调、绿色、开放、共享的新发展理念,以推动高质量发展为主题,以深化供给侧结构性改革为主线,以改革创新为根本动力,以满足人民日益增长的美好生活需要为根本目的的历史时期,绿色宜居村镇建设项目的决策必须回答以下四个问题:建设项目决策目标有哪些?如何协调多个决策目标?如何协同多个决策主体?如何综合评价多个决策目标?带着这些问题,本课题组在"十三五"国家重点研发计划课题的支持下,在大量调查研究的基础上,为探索和破解上述问题付出了艰辛的努力,给出了有据可依且可供业界、学界和政府相关部门参考的答案。

第一,绿色宜居村镇建设项目决策目标必须是多元的,包括环境、资源、经济、社会、信息、风险管控六个方面。从中华人民共和国成立到改革开放初期,为了快速改变一穷二白的面貌,我国村镇经济增长驱动主要是依靠资源、资本、劳动力三大传统要素的持续投入,是一种典型的要素驱动型经济发展方式,投资决策主要以经济发展为目标。但要素驱动的单目标发展模式面临诸多瓶颈约束,带来了严重的环境、资源、社会、安全等方面的问题。曾经的小电镀厂、小化肥厂、小造纸厂、小皮革厂等高污染产业对大气、河流、土壤等生态环境造成了严重的不利影响。小矿山、小煤矿、小冶炼厂、小炼油厂的粗放式生产经营造成自然资源极度浪费并对动植物等生态资源造成破坏，埋下了许多山体滑坡、泥石流、山洪等生态安全隐患，难以支持区域经济的长期可持续增长。重生产、轻生活的发展理念，使村镇基础设施、公共服务设施、卫生环保设施、文化体育设施建设滞后于经济发展，造成了经济社会发展不平衡、不充分。在总结国内外单目标经济发展深刻教训的基础上，中共中央十八届五中全会提出创新、协调、绿色、开放、共享的新发展理念，要求坚持绿色发展、可持续发展、节约资源和保护环境的基本国策，坚定走生产发展、生活富裕、生态良好的文明发展道路，加快建设资源节约型、环境友好型社会，形成人与自然和谐发展的现代化建设新格局，推进美丽中国建设，为全球生态安全作出贡献。在绿色宜居村镇项目建设上贯彻新发展理念，就体现在建设方案的创新创造、多元决策目标的协调统一、建设运营的低碳环保和建设成果的开放共享等方面。

第二，城乡融合、产城融合、一二三产融合，打造特色产业园区、田园综合体，是实现环境、资源、经济、社会、信息、风险管控六个决策目标协调发展的重要路径。绿色宜居村镇是为人民服务的，人民追求美好生活是通过产业发展来支撑的，收入水平的提高会让农户不断产生更高层次的生活品质需求。因此生态环境优美、资源循环利用、经济持续发展、社会和谐稳定、信息公开透明、安全风险可控是相辅相成、紧密相关的。如果村镇没有产业提供足够的劳动岗位，青壮年劳动人口都将外出打工视为第一特色产业,只有春节才返乡探亲,那绿色宜居村镇就成了没有内涵的摆设。同样,如果乡村水、电、路、气、通信、广播电视、物流等基础设施不足,生活垃圾处理和污水治理不到位,就很难发展文化旅游、养生度假等生态农业休闲观光产业。如果农业基础设施、农业现代化配套设施不完善,产出高效、产品安全、品牌鲜明、持续发展、环境友好的农业现代产业园区也无法实现。如果数据中心、测试中心、技术信息、科技研发、仓储物流、产品展示、商务洽谈、产品交易、网上支付、安全认证、商贸金融以及供水、供电、供暖、排水等基础设施和公共服务设施不配套,产业园区也很难成功开展招商引资。因此,围绕县城、重点集镇发展特色产业,在田园综合体、产业园区、循环经济示范区、城乡融合发展先行区中加强基础设施及各方面配套设施建设,可以建立城乡基础设施一体化发展机制,搭建城乡产业协同发展平台,突出以工促农、以城带乡,促进城乡生产要素双向流动,推动城乡公共资源合理配置,也可以最大限度地协调绿色宜居村镇建设项目中环境、资源、经济、社会、信息、风险管控六个决策目标。

第三,在咨询机构评估、公众参与、专家评议的基础上,采用并联办理、联合评审、多评合一、统一评审,是多主体协同决策的有效模式。绿色宜居村镇建设项目属多目标决策,由于政府职责分工的需要,决策阶段涉及发改、农业、住建、自然资源、财务、环保等多个部门。为了优化管理流程,避免多头管理,政府备案机关已对实行备案制的投资项目,通过投资项目在线审批监管平台或政务服务大厅,提供快捷备案服务;对实行核准制的投资项目,政府部门已依托投资项目在线审批监管平台或政务服务大厅实行并联核准；对政策性投资项目，已建立覆盖各地区各部门的政府投资项目库，完善政府投资项目信息统一管理机制，建立贯通各地区各部门的项目信息平台，实现项目信息共享。但政府直接投资项目、政府资本金注入方式的项目、政府与社会资本合作项目、对经济社会发展、社会公众利益有重大影响或者投资规模较大的项目，可采用本研究提出的三阶段决策模式，严格审批项目建议书、可行性研究报告、初步设计。第一阶段决策主要是对需要进行环评、能评、风评的建设项目进行一票否决决策；第二阶段决策主要针对需要进行环评、能评、风评且通过第一阶段决策的项目，以及不需要进行环评、能评、风评三项评估的建设项目，从经济、社会、环境三个目标维度对建设项目进行技术经济评价；第三阶段决策是在建设项目所在区域资金、资源有限的前提下，综合环境、资源、经济、社会、信息、风险管控六个指标，对符合第二阶段决策目标的项目进行优选，进而实现效益最大化，促进绿色宜居村镇建设。

第四，根据"环保税"相关规定及项目相关社会影响对部分环境、社会指标进行货币量化是经济、环境、社会指标综合评价的重要方法。三阶段决策模式中第二阶段对单个项目进行技术经济评价，关键在于对环境指标以及社会指标的货币量化，这时可依据大气污染物、碳排放、声环境污染、水环境污染、固体废弃物污染等的环保税参数取值计算出建设项目的环境效益和环境成本指标；社会效益也可通过建设项目带动周边土地增值、增加社会隐形收入等参数取值计算项目的社会增值收益或成本。在三阶段决策模式中的第三阶段，采用改进的优劣解距离法（TOPSIS分析），在六个决策目标下，根据有限个方案与理想方案的接近程度进行排序，充分利用原始数据的信息，精确地反映各评价方案之间的差距，对资源约束下的绿色宜居村镇建设项目进行多方案优化，以实现在具有技术经济可行性的备选项目库中进行多目标最优决策。

  本专著由刘晓君和孙肖洁共同撰写，由刘晓君统稿。课题组李玲燕教授、李钰副教授对研究工作开展给予了大力支持。博士研究生刘娜同学参与撰写了本书第7章的案例，硕士研究生王卓琳同学参与撰写了本书第8章的案例，并为本书的出版做了许多工作。

  "十三五"国家重点研发计划"绿色宜居村镇技术创新"重点专项2018年度项目"村镇建设发展模式与技术路径研究"（2018YFD11002）负责人焦燕教授级高级工程师，以及项目组的其他课题负责人季翔教授、尹波研究员、黄献明教授级高级工程师为本研究工作开展提供了许多帮助，在此表示衷心的感谢。

  陕西省洛南县、武功县、扶风县、柞水县，重庆市垫江县，甘肃省兰州新区，江苏省苏州市吴江区为本项目调研工作的开展提供了许多支持和帮助，在此表示衷心的感谢。

  尽管本研究成果在广泛听取了同行专家和县、镇、村干部反馈意见的基础上，进行了多轮修改完善，但由于课题组成员学识有限，不妥之处还请读者提出宝贵意见和建议。

刘晓君
2021年8月

目 录

1 绪论 ... 001

1.1 中国村镇建设项目决策的挑战及未来 ... 002
1.2 绿色宜居村镇建设研究现状分析 ... 005
1.3 建设项目多目标决策研究现状分析 ... 008
1.4 已有研究述评及本研究主要目标 ... 010
1.5 本书主要内容及结构 ... 013

2 绿色宜居村镇建设项目多目标决策理论体系 ... 017

2.1 绿色宜居村镇 ... 018
2.2 绿色宜居村镇建设项目 ... 033
2.3 村镇建设项目多目标决策 ... 041
2.4 本章小结 ... 051

3 绿色宜居村镇建设项目多目标决策要素分析及阶段划分 ... 053

3.1 投融资决策管理规制 ... 054
3.2 绿色宜居村镇建设项目多目标决策要素 ... 058
3.3 绿色宜居村镇建设项目多目标决策分类及阶段划分 ... 076

3.4　多目标决策基本流程 080
3.5　本章小结 081

4　绿色宜居村镇建设项目多目标决策指标体系建立 083

4.1　指标选取原则 084
4.2　政府部门决策指标体系建立 086
4.3　村集体组织决策指标体系建立 100
4.4　本章小结 106

5　绿色宜居村镇建设项目多目标决策模型构建 107

5.1　政府部门多目标决策模型构建 108
5.2　村集体组织多目标决策模型构建 121
5.3　本章小结 130

6　某镇热源工程项目多目标决策案例实证分析 131

6.1　项目介绍 132
6.2　项目指标权重确定 135
6.3　项目三阶段决策 140
6.4　本章小结 158

7　某镇污水处理工程项目多目标决策案例实证分析 159

7.1　某镇污水处理工程项目概况 160

7.2 项目两阶段决策 161

8 某村猕猴桃产业园项目多目标决策案例实证分析 167

8.1 某村猕猴桃产业园项目概况 168
8.2 项目效益费用分析 169
8.3 本章小结 172

9 结论与展望 173

9.1 结论 174
9.2 展望 175

附录 A 政府部门多目标决策指标调查问卷 176

附录 B 村集体组织多目标决策指标调查问卷 180

参考文献 181

后记 188

1 绪论

1.1 中国村镇建设项目决策的挑战及未来

1.1.1 绿色宜居是中国村镇建设的时代要求

村镇建设一直是中国政府关注的重点,特别是进入21世纪以来,村镇建设的制度化、规范化程度不断提高。2005年10月8日至11日,中国共产党第十六届中央委员会第五次全体会议在北京召开,会议公报[1]提出了"生产发展、生活宽裕、乡风文明、村容整洁、管理民主"二十字社会主义新农村建设总要求。随后,通过以"村庄整治为先导"的社会主义新农村建设,2008—2012年的农村危房改造,2011年的绿色低碳小城镇试点,2013—2017年的美丽乡村建设,2014年的农村生活垃圾治理专项行动,2015年的农业现代化、美丽乡村建设,2016年的绿色村庄、特色小城镇建设,2017年的田园综合体打造,中央政府对村镇建设的投资力度不断加强。全国财政农林水支出从2015年的1.7万亿元增加到2019年的2.3万亿元[2],投资金额逐年上涨,其中农业项目、基础设施、公共配套项目、生态工程是重点投资领域,各类项目的投资金额与投资比重不断增大,充分反映了村镇建设越来越受重视。持续的投资建设使中国的村镇基本生活条件保障、道路等基础设施、教育等生活配套设施、环境整治和村容镇貌得到大幅度的改善和提升。

2017年10月18日至24日,中国共产党第十九次全国代表大会在北京召开,中国共产党第十九次全国代表大会上的报告[3]中提出了实施乡村振兴,坚持农业农村优先发展,按照产业兴旺、生态宜居、乡风文明、治理有效、生活富裕的总要求,建立健全城乡融合发展体制机制和政策体系,加快推进农业农村现代化。从党的十六届五中全会提出的"生产发展、生活宽裕、乡风文明、村容整洁、管理民主"二十字社会主义新农村建设总要求,到"产业兴旺、生态宜居、乡风文明、治理有效、生活富裕"二十字乡村振兴总要求，两相对照，不难看出，在中国特色社会主义进入新时代的新形势下，农业农村发展的战略要求也与时俱进地进行了"升级"，从而更符合广大农民群众日益增长的美好生活需要。

中国共产党十九届中央委员会第五次全体会议2020年10月26日至29日在北京举行，会议公报[4]提出，坚持把解决好"三农"问题作为全党工作重中之重，走中国特色社会主义乡村振兴道路，全面实施乡村振兴战略，强化以工补农、以城带乡，推动形成工农互促、城乡互补、协调发展、共同繁荣的新型工农城乡关系，加快农业农村现代化。要保障国家粮食安全，提高农业质量效益和竞争力，实施乡村建设行动，深化农村改革，实现巩固拓展脱贫攻坚成果同乡村振兴有效衔接。十九届五中全会还提出，推动绿色发展，促进人与自然和谐共生，一要坚持绿水青山就是金山银山理念，坚持尊重自然、顺应自然、保护自然，守住自然生态安全边界；二要完善生态文明领域统筹协调机制，构建生态文明体系，促进经济社会发展全面绿色转型，建设人与自然和谐共生的现代化；三要加快推进绿色低碳发展，持续改善环境质量，提升生态系统质量的稳定性，全面提高资源利用效率。十九届五中全会通过的中共中央关于制定国民经济和社会发展第十四个五年规划和二〇三五年远景目标的建议[5]在提出全面推进乡村振兴时，明确要实施乡村建设行动，一是把乡村建设摆在社会主义现代化建设的重要位置；二是强化县城综合服务能力，把乡镇建设成为服务农民的区域中心；三是统筹县域城镇和村庄规划建设，保护传统村落和乡村风貌；四是完善乡村水、电、路、气、通信、广播电视、物流等基础设施，提升农房建设质量；五是因地制宜推进农村改厕、生活垃圾处理和污水治理，实施河湖水系综合整治，改善农村人居环境。可见，中共中央为未来绿色宜居村镇建设和发展指明了发展的方向。

乡村振兴战略从产业、环境、文化、社会、经济等方面对生态文明背景下的村镇建设描绘了宏伟的蓝图。建设绿色宜居村镇是我国"乡村振兴"战略的总要求之一，以绿色宜居为导向的村镇建设对村镇建设项目决策提出了更为严苛的要求，在进行项目前期决策时要充分考虑其绿色宜居性，通过绿色、科学的决策方式推动绿色宜居村镇建设。随着村镇建设转型升级，相关政策法规和部门规章对村镇建设项目的要求也在不断提高。2014年国务院办公厅印发的《关于改善农村人居环境的指导意见》提出加强宜居村镇建设[6]。2016年1月，《关于落实发展新理念加快农业现代化实现全面小康目标的若干意见》[7]发布，提出村镇建设管理要始终贯彻落实创新、协调、绿色、开放、共享的发展理念。同年，住房和城乡建设部着重开展村庄绿化工作，印发了《关于开展绿色村庄创建工作的指导意见》[8]，明确指出道路、河道等公共项目要普遍绿化，努力创建绿色村庄。可见绿色目标对于改善村镇人居环境必不可少，在乡村振兴背景下，村镇项目建设既要体现绿色理念，又要实现环境宜居。

1.1.2 绿色宜居村镇建设需要改进项目决策模式

在创新、协调、绿色、开放、共享的新发展理念指导下，绿色宜居村镇建设呈现政府投资为主导的多元投融资格局。与以往传统的村镇项目决策不同，新时代的村镇项目不能片面追求经济目标或者社会目标，更不能为了追求经济增长而牺牲社会、环境、资源循环利用目标，而是环境、资源、经济、社会、信息、风险管控等多个目标统筹协调，在绿色宜居村镇建设项目规划决策阶段，需要发改、农业农村、住建、自然资源、财政、环保、乡村振兴等多个政府部门协同工作，这大大增加了建设项目决策的艰巨性和复杂性。因此亟需解决村镇建设项目前期决策中存在的多主体不协同、多目标不协调问题，在物质文明、政治文明、精神文明、社会文明、生态文明协调发展目标要求下，改进绿色宜居村镇建设项目的决策模式，明确绿色宜居村镇建设项目多元决策目标、评价指标、决策程序和决策方法，避免出现无序决策、直觉决策、主观决策和经验决策，实现多目标协调的科学决策，促进建设项目规划-建设-管理结合，推进投资-建设-运营融合。因此，在规划决策阶段对建设项目作出多目标协调的科学决策是绿色宜居村镇建设的必然要求，是促进乡村振兴战略实施的重要推力，有利于实现环境、资源、经济、社会、信息、风险管控多元目标协调发展。

本研究在相关政策背景以及绿色宜居目标导向下，综合考量环境、资源、经济、社会、信息、风险管控等多个目标，建立绿色宜居村镇建设项目不同决策主体对应的多目标决策指标体系，提出对环境、社会间接费用和间接效益进行货币量化的方法，分别构建方便县（镇）政府部门并联审批并满足多评合一、统一评审、联合评审要求的三阶段决策模式和环境制约下的村集体组织费用效益评价模型，补充完善绿色宜居村镇建设项目多目标决策理论体系，使得绿色宜居村镇建设项目决策更加科学。研究工作有利于促进绿色宜居村镇建设项目决策阶段多目标协调、多主体协同，有利于实现社会、经济、环境效益最大化，也有利于乡村振兴目标的实现。

1.2 绿色宜居村镇建设研究现状分析

1.2.1 绿色宜居村镇建设主要内容及影响因素研究

学界关于绿色宜居村镇建设内容的研究主要集中在住宅建设与基础设施配建上。李栢桐和李以通[9]着眼于村镇住宅及其建设现状，提出绿色村镇住宅建设标准；宋彦红和平二丹[10]以绿色村镇为目标，提出"养和、节流、开源"的柔性设计方式，从绿色住宅设计角度为京津冀地区绿色村镇建设提供参考；熊天玉[11]通过探究被动式技术对于村镇住宅节能的影响，提出可通过绿色技术进行村镇住宅优化。在绿色宜居村镇建设的影响因素方面，Mansor M和Said I[12]通过问卷调查，提出村民意愿是绿色村镇建设的重要因素；戚正海[13]和赵天宇[14]指出自然环境、技术能力、经济水平、社会发展、人为因素是绿色村镇建设的重要影响因素；Setijanti P[15]、Khorasani M[16]和Wang Y[17]总结了信仰规范、村镇空间、自然环境条件、人类社会福利、卫生状况、公共服务水平等多个宜居村镇影响因素。

1.2.2 绿色宜居村镇建设发展策略研究

良好的发展策略能够为绿色宜居村镇建设指明方向。Liu Z[18]等通过问卷调查获得宜居社区建设SWOT战略要素，进而从战略层面指明我国宜居村镇的发展方向；Guo L J[19]等提出了发展规划、构建稳定的网络结构、加强冬季景观建设、传承冰雪文化等5个层次的规划策略，促进绿色村镇发展；吕小勇和王涛[20]从思维转变、目标提升、组织架构、优化设计4个方面针对严寒地区的村镇规划建设方向提出相应的绿色提升策略；Wang Z H[21]和Ruggeri D[22]通过回顾村镇发展历史、分析村镇现状，提出加快建设绿色村镇的战略路径；于光玉[23]和王雯慧[24]从产业、配套设施、资源、文化等方面提出宜居村镇建设策略。

1.2.3 绿色宜居村镇建设技术体系及评价标准研究

绿色、科学的技术体系及评价标准能够更好地促进绿色宜居村镇建设。Gong D[25]等从建设能力、资源利用、环境保护、绿色工业发展等方面建立了适合我国北方寒冷地区绿色村庄的评价指标体系；丁丹丹[26]建立了绿色村镇新能源利用评价系统；王涛[27]和杜博文[28]通过大量的调研分析，从资源、环境、社会、公众参与四个方面构建有关绿色村镇生态环境的评价指标体系；Wang X[29]在文献回顾的基础上建立了包括物质标准、农村教育状况、生活条件、医疗卫生状况和农村社会保障五个方面的我国宜居村镇评价体系；程金[30]和李莹[31]从生态环境、居民生活、经济社会发展等方面对我国北方村镇的宜居程度进行评价；马齐如[32]等提出村镇建设水平、居民满意度是进行村镇宜居性评价的两个重要维度；刘真心和邬文兵[33]提出人口、社会、环境、设施是影响村镇宜居性评价的主要方面。

通过对绿色宜居村镇建设的相关研究进行统计分析发现，关于绿色宜居村镇评价体系的研究最多，其中村镇宜居性评价占比高达41.43%，绿色村镇评价占比为17.14%；其次是村镇建设内容方面，占比30.01%，包括对村镇住宅建设、基础设施配建等的研究；绿色宜居村镇发展战略研究的占比较低，仅为11.42%。绿色宜居村镇建设文献占比如图1-1所示。

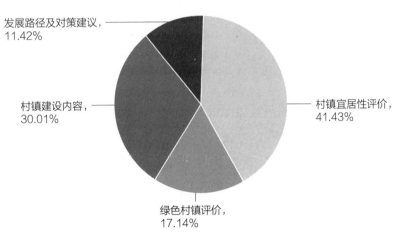

图1-1　绿色宜居村镇建设研究统计图

1.3 建设项目多目标决策研究现状分析

1.3.1 建设项目多目标决策的特点

建设项目多目标决策是在两个以上的决策目标下，采用多种标准来评价和优选方案的决策。其特点主要有以下几方面：

（1）多个决策目标之间有可能存在冲突

由于所站的决策角度和立场不同，多个目标之间往往会产生冲突。例如，就局部地区的建设项目而言，财务效益最大化目标与生态环境保护目标有时难以调和，需要在更大的范围内对个体保护生态环境的损失进行补偿，才能达到目标的协同。多目标协同可采用哈肯（Hermann Haken）提出的"协同论"的理论和方法。

（2）多目标决策属复杂系统工程

由于多目标决策中目标的多样性和差异性，有的相互联系，有的相互制约，有的相互冲突，因而会形成一种复杂的结构体系，使得决策问题变得影响因素多元，建模求解更困难[34]，且往往难以找到使所有目标同时达到最佳的方案。

（3）多目标决策模式可灵活多变

多目标决策可通过降维的方式，选择最重要的评价指标对备选方案进行单目标评价，先淘汰较差的方案，在剩下的方案中选取满意方案；也可统一采用货币量化所有的目标，选择成本最低或收益最高的方案；还可采用多目标加权综合评价的方法，先确定多目标权重，经过指标赋值、统一量纲、归一化处理等过程，最后计算出备选方案的加权综合评价分值选择满意方案。

1.3.2 建设项目多目标决策的内涵

建设项目多目标决策的内涵主要包含多目标决策模式、多目标决策模型和多目标决策指标及评价方法等方面。

(1) 多目标决策模式方面

周梦玲[35]从以往经验、因果导向、概率计算、意识形态四个方面划分建设项目决策模式,包括经验决策、因果决策、概率决策、模糊决策,其中模糊决策较为主观,概率决策相对客观;谷民崇[36]根据决策主体的不同将项目决策模式划分为精英决策、政府决策、民主决策,相比于精英决策与民主决策,政府决策占据主导地位。

(2) 多目标决策模型方面

杨海旭[37]从经济、文化、生态、生活四个目标层面建立投资项目评价模型,在决策前期对建设项目进行优选;杨文昌[38]通过线性规划构建多目标决策模型,解决如何在项目管理多目标间实现资源合理配置;李素蕾和吴广源[39]针对决策结果不合理的现象,基于灰色模糊评价和TOPSIS法建立了大型公共工程投资决策模型;白冬晖[40]将灰色关联与TOPSIS结合,从经济、社会、生态、风险等方面建立畜牧业项目优选决策模型。

(3) 多目标决策指标及评价方法方面

蒲天添[41]从人员、经济、社会环境、政治、设备及材料六个方面识别风险决策指标;李忠富和李州扬[42]以绿色公共建筑为研究对象,分析BIM技术在其运营阶段产生的费用效益,进行基于环境效益量化的项目费用效益分析;段小萍、陈奉功[43]利用层次分析法和模糊评价法进行风险评价,以便更好地进行目标管理决策;Maghsoudlou H[44]等以多资源调度项目约束为研究对象,提出快速排序算法、多目标粒子群和杂草优化算法进行评价;Zhang Y[45]等在传统粒子群算法的基础上进行改进,针对多目标提出了一种改进优化算法，得出了帕累托最优解；谢春燕和赖海燕[46]通过博弈理论解决高速公路多目标决策问题。

通过对建设项目多目标决策研究现状进行总结分析，发现其中大部分学者针对建设项目多目标决策评价方法进行研究，占比高达41.77%，应用较多的有线性规划、遗传算法、理想点法等；其次是关于多目标决策模型的研究，占比31.16%；接着是对建设项目多目标决策指标研究，占比18.74%；多目标决策模式占比仅为8.33%，如图1-2所示。在建设项目全寿命周期中的任一阶段都可采用多目标决策。但为了能使规划决策-建设实施-运营管理全程贯通、紧密结合，本研究主要对规划决策阶段建设项目多目标决策进行研究。

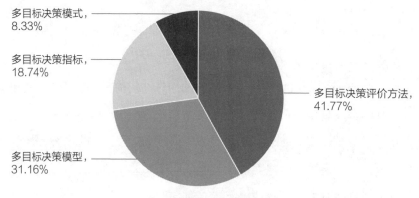

图 1-2　建设项目多目标决策研究统计图

1.4　已有研究述评及本研究主要目标

1.4.1　已有研究现状述评

（1）已有成果的贡献

1）关于绿色宜居村镇建设的研究，国内外学者们分别从绿色村镇建设与宜居村镇建设两方面进行探讨，挖掘绿色宜居村镇建设影响因素，从生态、经济、社会、生活等方面进行村镇绿色、宜居评价，有利于进一步识别绿色宜居村镇建设项目决策目标，为多目标决策指标体系建立提供参考借鉴。

2）关于建设项目多目标决策方法的研究，学者们使用神经网络、贝叶斯算法、非线性回归、matlab编程、灰色关联、优劣解距离法（TOPSIS）等多种模型、方法进行决策，为研究绿色宜居村镇建设项目多目标决策问题奠定了良好基础。

（2）学界已有成果的不足

1）国内外一部分学者针对绿色宜居村镇决策中的战略规划及发展路径进行了质性分析，但对于新发展格局下乡村振兴与绿色宜居村镇协同发展模式研究不足，对建设项目决策影响因素的量化分析不足，无法真正做到对经济社会和生态环境因素的统筹协调，难以实现经济社会发展全面绿色转型的目标。

2）国内外学者主要研究了绿色宜居村镇住宅建设及基础设施配建的决策问题，但对乡村振兴背景下各种典型村镇发展模式派生出的公共配套设施、产业项目、田园综合体、特色小镇、易地安置工程、环境治理工程等其他类型绿色宜居村镇建设项目决策研究不够深入。

3）国外学者研究建设项目多目标决策时考虑中国的发展阶段、投资环境和投融资政策的决策模式不足，而我国近年来大力推进简政放权、放管结合、优化服务改革，投融资体制改革取得新的突破，亟需在绿色宜居村镇建设项目多目标决策中，探索具有中国特色，满足并联办理、联合评审要求，多评合一、统一评审的建设项目决策新模式。

4）国内外学者采用费用效益分析进行项目决策时，主要从经济、社会目标对项目进行评价，但对于经济社会和生态环境因素如何统筹协调考虑不足；优劣解距离法（TOPSIS分析）可以综合费用效益指标与费用效果指标对项目进行综合评价，但传统TOPSIS分析存在一定的逆序现象，需要通过确定正、负理想点矩阵以及调整贴近度算法进行改进。

1.4.2 研究目标

本研究以绿色宜居村镇建设项目为研究对象，着眼于项目前期规划阶段的绿色、科学决策，确定以下主要研究目标：

（1）对绿色宜居村镇发展模式下的村镇建设项目类型进行划分；

（2）根据不同投资主体、决策主体与决策程序探索建设项目多目标协调的科学决策模式；

（3）在决策模式下构建各阶段决策模型并建立相应的多目标评价指标体系；

（4）在现有决策方法的基础上将环境、社会目标进行货币量化分析，对传统费用效益分析进行改进；

（5）综合考虑环境、资源、经济、社会、信息、风险管控等多个目标，针对传统优劣解距离法（TOPSIS分析）缺陷进行改进，促进规划阶段建设项目多目标协调。

国内外研究述评及本书研究目标见表1-1。

绿色宜居村镇建设项目多目标决策研究基础与研究目标　　表1-1

研究对象		研究内容	研究方法	研究不足/研究重点
绿色宜居村镇建设	国内学者	绿色住宅建造、基础设施配建、评价体系、发展战略	问卷调查、实地调研、文献分析、SWOT分析	对于绿色宜居村镇建设项目的研究主要集中在住宅与基础设施上，且多关注其质性分析，量化研究较少
	国外学者	宜居村镇评价指标体系、绿色村镇指标体系、村镇发展提升战略	文献分析、问卷调查、SWOT分析	

续表

研究对象		研究内容	研究方法	研究不足/研究重点
建设项目多目标决策	国内学者	项目决策模型、决策目标影响因素、决策风险管理	文献分析、专家访谈、解释结构、层次分析、模糊评价	将经济、社会作为项目决策主要目标，对于生态环境因素考虑较少，没有实现环境、资源、经济、社会等多个目标统筹协调发展
		多目标决策模型方法	神经网络、博弈论、费用效益分析、理想点计算	
	国外学者	决策风险管理	概念模型	
		多目标决策模型方法	线性规划、遗传算法、理想点计算	
绿色宜居村镇建设项目多目标决策研究目标		明确典型村镇发展模式下的绿色宜居村镇建设项目	文献分析、问卷调查、实地调研	构建具有中国特色的绿色宜居村镇建设多目标决策模式；结合环境、资源、经济、社会、信息等多个目标构建绿色宜居村镇建设项目决策模型
		探索多目标决策模式，构建目标决策模型	环境制约下费用效益评价、改进TOPSIS	

1.5 本书主要内容及结构

1.5.1 主要内容及特点

（1）主要内容

1）绿色宜居村镇建设项目多目标决策理论体系构建。首先，通过厘清村镇内涵及演化、绿色宜居村镇的含义、绿色宜居村镇建设规划特征要求，归纳出我国绿色宜居村镇演化路径及发展模式；其次，通过阐明绿色宜居村镇建设项目内涵，得出绿色宜居村镇发展模式下的村镇建设项目类型及项目特征；最后，基于建设项目多目标决策理论基础和绿色宜居村镇建设项目多目标决策理论探索框架明确镇建设项目多目标决策内涵。

2）绿色宜居村镇建设项目多目标决策要素分析及决策模式提出。首先，进行绿色宜居村镇建设项目多目标决策要素分析，识别决策主体、项目类型、决策环境、决策目标、决策程序；其次，结合绿色宜居村镇建设项目特点，根据不同决策主体与决策程序，将绿色宜居村镇建设项目多目标决策主要划分为政府部门决策与村集体组织决策，针对政府部门决策提出三阶段决策模式；最后，基于决策要素、决策分类及阶段划分提出绿色宜居村镇建设项目基本决策流程。

3）绿色宜居村镇建设项目多目标决策指标体系建立。按照指标初步选取-指标体系优化-指标体系确定的顺序建立绿色宜居村镇建设项目多目标决策指标体系。对60篇文献、22条政策以及相关调研资料、案例报告进行扎根分析，通过饱和度检验与因子分析验证对指标体系进行优化，最终建立起包括环境、资源、经济、社会、信息、风险管控6个一级指标、20个二级指标、44个三级指标的政府部门决策指标体系，以及包括经济、社会、环境3个一级指标，11个二级指标的村集体组织决策指标体系。

4）绿色宜居村镇建设项目多目标决策模型构建。结合政府部门、村集体组织决策指标体系及决策程序，在环境、社会指标量化的基础上分别构建政府部门三阶段决策模式与村集体组织决策模式下的项目多目标决策模型。政府部门三阶段决策模型包括基于规制理论的第一阶段"一票否决"决策模型，环境制约下的第二阶段费用效益评价决策模型，基于改进TOPSIS的第三阶段决策模型。村集体组织决策模型，主要是环境制约下的费用效益评价，判断其是否有经济可行性。

5）绿色宜居村镇建设项目多目标决策实证分析。选取三类绿色宜居村镇项目分别进行多目标决策分析。涉及政府投资的多个项目多目标决策，在通过资源、环境、风险等一票否决审批后，进行环境、社会指标量化，分别计算考虑环境制约前后项目的效益费用比（B/C），对$B/C>1$项目进行基于改进TOPSIS分析，在技术经济可行的前提下优选贴近度大的项目建设，促进多目标协调发展。对于政府投资的单个项目多目标决策，在通过资源、环境、风险等一票否决审批后，进行环境、社会指标量化，分别计算考虑环境制约前后项目的效益费用比（B/C），$B/C>1$则项目通过。村集体项目只进行环境制约下的费用效益评价。

（2）本书特点

1）在传统费用效益分析的基础上综合考虑经济、社会、环境效果的统筹协调，按照经济杠杆的原理对环境、社会指标进行货币量化。

2）考虑环境发展目标的刚性制约，提出了政府部门三阶段决策模式及各相应阶段的决策模型。

3）基于环境、社会指标货币量化结果改进传统费用效益分析方法，推动经济社会发展全面绿色转型。

4）针对难以量化的指标采用改进 TOPSIS 分析，促进环境、资源、经济、社会、信息、风险管控多目标协调，使得项目决策更加科学。

1.5.2 结构体系及方法

按照提出问题、分析问题、解决问题的思路，结合主要研究内容及研究方法，凝练本研究的结构体系，大体上分为五部分，首先对绿色宜居村镇建设项目多目标决策相关概念进行界定，提出本研究的理论基础与理论探索框架；其次对多目标决策系统要素进行分析，并结合决策主体与决策程序进行多目标决策分类与阶段划分；接着使用扎根理论与因子聚类分析，建立绿色宜居村镇建设项目多目标决策指标体系；在指标建立的基础上，结合决策分类与阶段划分，分别构建政府部门三阶段决策模式与环境制约下村集体组织费用效益评价模式；最后选取案例进行实证分析，验证模型的有效性及适用性。本书研究结构体系及方法如图1-3所示。

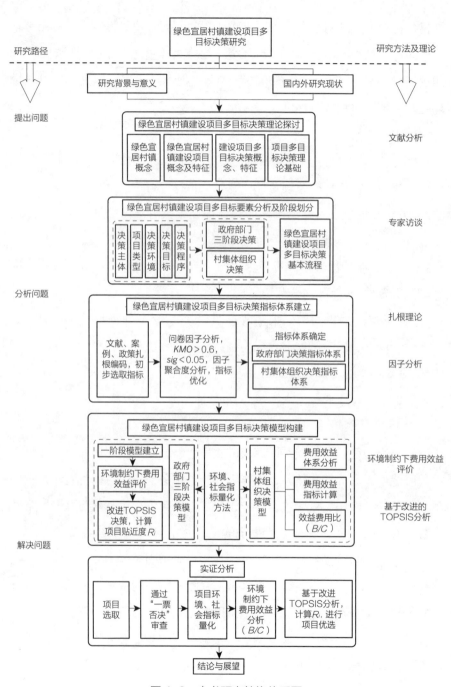

图 1-3 本书研究结构体系图

2

绿色宜居村镇建设项目多目标决策理论体系

本章围绕绿色宜居村镇建设项目多目标决策的相关概念和理论，从绿色宜居村镇概念、特征、发展历程，绿色宜居村镇建设项目类别及特征，建设项目多目标决策理论基础及绿色宜居村镇建设项目多目标决策理论探索三方面进行系统梳理和阐述，旨在构建绿色宜居村镇建设项目多目标决策理论框架。

2.1 绿色宜居村镇

2.1.1 村镇内涵

（1）村的概念

在中国，"村"是一个包括农业生产资源，以农、林、牧、渔业为主要生产方式的人口聚落。在农区或林区，"村"通常是固定的；在牧区，定居聚落、季节性聚落和游牧的帐幕聚落兼而有之；在渔业区，还有以舟为居室的船户村。

"村"按平面形态可分为团聚型，即块状聚落；散漫型，即点状聚落。村受经济、社会、历史、地理诸条件的制约，历史悠久的聚落多呈团聚型。

"村"按组织管理方式分为自然村和行政村。自然村是由村民经过长时间聚居而自然形成的聚落，是村民日常生活和交往的单位，但不是一个社会管理单位。与自然村对应的概念是行政村，行政村是依据《中华人民共和国村民委员会组织法》[47]设立的农村基层管理单位，是政府为了便于管理而确定的乡以下一级的管理机构所管辖的区域，其组织形式是村民委员会。村民委员会是农村村民自治组织，由一套领导班子（支部、村委会）组成，下设若干村民小组，村民小组一般依自然村划分，每组一个组长，这些自然村都要受行政村村委会和村支部的管理和领导。因此，行政村一般大于自然村，几个相邻的小自然村可以构成一个行政村，换句话说，就是一个行政村管理若干个自然村。特殊情况下也有为了方便管理将一个自然村划分为几个行政村，还有将一个自然村划定为一个行政村的。

（2）镇（乡）的概念

在中国，"镇"与"乡"同级，是县和县级市以下的行政区划单位，是中国最低一级政权单位，即最基层的行政机构。镇与乡的区别在于，镇的人口规模大，经济发展较好，人口一般在2万人以上，区域面积一般在300km²以上，农业和工业都有；而乡的人口规模小，区域面积小，以农业生产为主。我国《城市规划法》[48]第三条规定："本法所称城市，是指国家按行政建制设立的直辖市、市、镇。"因此，总体来说，乡属于农村型行政区，镇属于城市型行政区。乡村振兴中界定的乡村，与城镇人口相对集中对应，从本质上看是适合人类生活的分散地域空间，同时具备自然、社会、经济等多种特征，乡村与城镇互有需求，相互服务，互为补充，共同促进，协调发展[49]。

"镇"又可分为建制镇和非建制镇。建制镇即"设镇"，是指经省、自治区、直辖市人民政府批准设立的镇。1984年国务院批转民政部《关于调整建镇标准的报告》[50]中规定，凡县级地方国家机关所在地；或总人口在20000人以下的乡，乡政府驻地非农业人口超过2000人的；或总人口在20000人以上的乡，乡政府驻地非农业人口占全乡人口10%以上；或少数民族地区、人口稀少的边远地区、山区和小型工矿区、小港口、风景旅游、边境口岸等地，非农业人口虽不足2000人，确有必要，都可建镇。可见，建制镇包括城关镇、重点镇、副县级镇和一般建制镇。城关镇是县政府所在地。重点镇是具有较好区位优势、较强经济实力、较好基础设施、较大发展潜力，对周边地区具有一定辐射力的区域重点镇。副县级镇的行政区类别也是建制镇，其行政机关的行政级别比普通建制镇高。非建制镇指集镇，是指乡、民族乡人民政府所在地和经县级人民政府确认由集市发展而成的作为农村经济、文化和生活服务中心的非建制镇,是介于乡村与城市之间的过渡型居民点。建制镇与非建制镇的主要的区别在于,建制镇的各项规划是要纳入城市总体规划,规划的方向和规格是跟县城规划并齐。

2.1.2 村镇(乡)内涵比较及演化

对村、镇概念界定后(图2-1),本书对两者内涵进行相对比较,并对两者的关系进行动态演化分析。

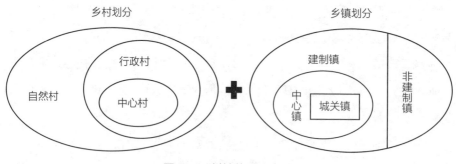

图 2-1 村镇体系示意图

(1)村、镇(乡)相对比较

村、镇(乡)的相对比较可从人口、空间和经济发展水平三个维度展开。

1)人口维度村、镇(乡)比较。从人口维度来看,村的人口不一定比镇(乡)少,人口少的镇(乡)未必不重要。位于广东省东南部普宁市军埠镇的大长陇村,为陈氏单姓聚集古村落,本村人口4万多人,外来人口近1万,为我国最大的村庄之一。此外,大长陇村海外华侨近20万人,遍布世界各地,是中国著名侨乡。大长陇人自古善于经商,由此带来人口聚集。相比起大长陇村的人口规模,玉麦乡的人口数就是大巫见小巫了。玉麦乡坐落喜马拉雅山北隆子县东北部,2019年11月居民195人,是中国居民人口最少的乡。玉麦乡政府驻地海拔3560m，乡境域面积1976km²，是隆子县境域面积最大的乡。2018年底，玉麦乡被国家民委命名为第六批全国民族团结进步创建示范单位。通过比较可见，不能以村子人口少为由而不重视其发展，也不能以乡镇人口少为由而忽视其发展。

2）空间维度村镇（乡）比较。从空间维度来看，村的面积不一定比镇（乡）小，面积小的镇（乡）未必不重要。新疆维吾尔自治区和田地区于田县达里雅布依乡乡政府驻铁里木村，地处沙漠腹地，南北长365km，东西宽96km，总面积9714.96km²，2017年总人口1415人，以畜牧业为主，现有1个村民委员会、6个村民小组，全部是维吾尔族。相比而言，位于黑龙江与乌苏里江汇合处的乌苏镇，曾经只有唯一的一条街道，南北长约500m，东西宽约100m，居住的居民只有一户人家，3口人，是中国最小的"镇"，也是世界上最小的镇。乌苏镇地理坐标为东经134°12′20″，北纬48°15′29″，是中国疆域经度的东极，是中国最东端的行政乡镇，号称"东方第一镇"。因此，这里有一个边防排，一个哨所。通过比较可见，不能以村庄面积小为由而不重视其发展，也不能以乡镇不大为由而忽视其发展。

3）经济发展水平维度村镇（乡）比较。从经济发展水平维度来看，村的经济发展水平不一定比镇（乡）低，经济发展水平低的镇（乡）更应加快发展。华西村，又名天下第一村、华西都市村，位于江苏省无锡市江阴市华士镇西部，总面积35km²，人口3万人，拥有华西集团，20多年来，共向国家缴纳税金3亿多元，人均缴纳税金20多万元。华西村（景区）由华西都市农业示范园、华西幸福园、信仰大观园、钟王、牛王、鼓王、华西邮博物馆、金塔、华西民族宫、游龙船、空中花鸟园等80余个主要景点组成，2020年8月26日，华西村入选第二批全国乡村旅游重点村名单。华西村娱乐、休闲、体育、购物、旅游设施配套齐全，户户住上了水、电、气配套的别墅楼，是中国"社会主义新农村建设"的典范。与华西村相比，舟曲县曾是中国最穷的十个县之一，其地处南秦岭山地，地势西北高，东南低，是典型的高山峡谷区，地形地貌复杂，自然灾害频繁。舟曲县曾是国家级扶贫重点县（贫困面为80.2%），甘肃藏区经济总量最小、最贫困县，甘肃省财政自给率最低县（仅为1.25%），甘肃省人均耕地最少县（人均耕地不足1.2亩）。通过比较可见，不能以为是村庄的经济发展水平就一定低，也不能以为是乡镇就一定比村庄经济发展水平高。

（2）村镇（乡）动态演化

村镇（乡）动态演化分析可从乡村就近城镇化和就地城镇化两个维度展开。

1）乡村就近城镇化维度。就近城镇化强调农村人口向其户籍所在地的小城镇如城关镇、重点镇、副县级镇、一般建制镇及乡政府所在集镇等迁移，致力于通过农村人口的短距离位移，发展农村工业和特色农业，激发农村活力，从而实现农民职业思想观念、生产生活方式的转变。经济日报-中国经济网发布我国2020年国民经济和社会发展统计公报显示，我国常住人口城镇化率从1978年的17.92%跃升至2020年年末的60%。我国建制镇数量从1978年的2173个增加至2017年的20883个，城镇人口从17245万人增加到77116万人[51]。在人口就近动态迁移的乡村城镇化过程中，出现部分"空心村"。全国村级组织数量自2000年来呈递减趋势。截至2019年年底，全国村级自组织单位数17.8万个，同比2000年减少7.26万个，减少28.97%，其中村民委员会31.75万个，同比2000年减少10.13万个，减少24.19%；社区居民委员会5.25万个，同比2000年减少6.78万个，减少56.35%[52]。

2）乡村就地城镇化维度。就地城镇化就是区域经济社会发展到一定程度后，村民没有经过人口大规模的空间转移而在本地完成农村向城镇的转变。就地城镇化的最主要特征是村民在原住地一定空间半径内就地实现非农就业和市民化。举例来说，上王村原来是个村庄，现在村子里面出现了几个现象：①越来越多的人不再种田了，改搞农家乐、旅游、开旅馆了，也就是向二、三产业发展了；②他们开始和城市一样有丰富的业余文化生活，也就是公共服务水平提升了；第三，整个村子财政收入1个亿，其中卖粮食只有100万元，其他都是各种旅馆、饭馆、工厂的税收。满足了这三个特征，上王村就已经不是农村了，是真正意义上的小城镇。

就地城镇化的乡村可以呈现线状、面状、内部、跳跃、混合五种发展形态。线状发展就是乡村沿河流水系、道路等交通节点呈带状布局，线性扩张；面状发展就是乡村逐渐向外推进，空间以自组织发展为主，呈现出蔓延式的发展态势；内部发展就是乡村部分旧建成区改造升级，其他建成区没有明显变化的村镇发展模式；跳跃发展就是乡村利用区位、交通、资源优势，在用地条件较好的地域另辟新地作为工业园区进行开发建设的模式；混合发展就是乡村空间形态并不能归类为某一种发展模式，而是在整个镇村空间形态中由若干种发展模式组成。

2.1.3 绿色宜居的含义

绿色的含意很多，例如生命、健康、和平、环保、希望及快乐，特别在贯彻生态文明思想，全面落实新发展理念，坚持生态优先、绿色发展，坚定走生产发展、生活富裕、生态良好的文明发展道路的背景下，绿色是无需任何包装的生命，是一切万物的根源，是人类赖以生存的颜色。本书中的"绿色"是"绿色经济"和"绿色发展"的含义。

1）绿色经济的含义。绿色经济指能够遵循"开发需求、降低成本、加大动力、协调一致、宏观有控"五项准则，并且得以可持续发展的经济。"绿色经济"既是指具体的一个微观单位经济，又是指一个国家的国民经济，甚至是全球范围的经济。绿色经济在英国经济学家大卫·皮尔斯（David Preece）1989年出版的《绿色经济蓝皮书》首次提出，是以市场为导向、以传统产业经济为基础，以经济、环境和谐为目的而发展起来的一种新的经济形式，是产业经济为适应人类环保与健康需要而产生并表现出来的一种发展状态。2018年度的诺贝尔经济学奖获得者威廉·诺德豪斯（William Nordhaus）认为，环境变化和人类的经济行为之间存在着紧密的联系。如果将目前的一些环境指标视为一个"存量"，而人类的经济活动则会产生一个让环境变动的"流量"。显然，随着"流量"的逐渐引入，"存量"将会产生变动，这就是我们观察到的环境变化。这个道理就好像传统经济学对于财富和投资关系的分析一样，只不过在诺德豪斯的分析框架中，用环境变量代替了财富，而将人类经济行为对环境的影响看作是某种意义上的投资而已。诺德豪斯的研究工作为减排的经济和环境效益分析提供了难得的实证证据。

2）绿色发展理念。绿色发展是在传统发展基础上的一种模式创新，是建立在生态环境容量和资源承载力约束条件的基础上，将环境保护作为实现可持续发展重要支柱的一种新型发展模式，具体来说包括以下几个要点：①要将环境资源作为社会经济发展的内在要素；②要把实现经济、社会和环境的可持续发展作为绿色发展的目标；③要把经济活动过程和结果的"绿色化""生态化"作为绿色发展的主要内容和途径。

绿色发展理念是中国共产党十八届五中全会提出的指导我国"十三五"时期发展甚至是更为长远发展的科学发展理念和发展方式[53]，是以节约资源和保护环境为宗旨的设计理念和方法，它强调保护自然生态，充分利用资源，以人为本，善待环境，大力发展环境友好型产业，通过节能减排的技术措施及"万元地区生产总值水耗""万元地区生产总值能耗""城市污水处理率"以及"生活垃圾无害化处理率"等指标，实现经济发展与自然和谐共生的经济发展。

绿色发展理念的提出是坚持问题导向的典范。改革开放40多年来，我国平均经济增长率接近两位数，几乎是同期世界发达国家的3倍。但是，实现总体小康以后发现，资源约束趋紧、环境承受力脆弱、生态系统退化的形势十分严峻，生态环境特别是大气、水、土壤污染严重，已成为全面建成小康社会的突出短板、制约经济持续健康发展的重大矛盾、人民生活质量提高的重大障碍、中华民族永续发展的重大隐患。新常态背景下，过去那种以拼资源要素为主要特征的高消耗、高投入的粗放增长模式已不可持续。正是基于改革开放以来我们在发展中所遭遇的这些突出问题，绿色发展理念成为我们今后在发展中必须全面推进、各环节入手、综合施策、长期坚持的方向。

2.1.4 绿色宜居村镇内涵

绿色宜居村镇内涵可以从以下三个方面理解：

（1）绿色宜居村镇应体现自然特征和时代特征

根据村镇的相关定义可知，村镇在人文、社会、经济、资源方面具有显著的自然特征。乡村振兴战略从产业、环境、文化、社会、经济等方面对生态文明背景下的村镇建设描绘了宏伟的蓝图，提出了"产业兴旺、生态宜居、乡风文明、治理有效、生活富裕"的总体要求，这是未来中国村镇的时代特征。因此，绿色宜居村镇的定义应该兼备村镇的自然特征和时代特征。从字面上看绿色宜居村镇可以拆分成村镇和绿色宜居两部分，是在村镇自然特征基础上融入绿色宜居理念，在村镇规划建设中坚持可持续发展原则，做到健康、安全、舒适、节水、节地、节能、节材和环境保护，从环境、资源、经济、社会、信息、风险管控等多个目标进行改进，不以牺牲生态环境为代价，提升村镇发展水平，满足新时期生态文明、就地就近城镇化等多元需求的新型村镇建设。

（2）绿色宜居村镇应该体现绿色宜居与经济发展统筹协调

绿色发展理念强调，既要金山银山，又要绿水青山；既要坚守生态环境底线，又要充分利用生态环境，让生态环境优势充分转化为经济发展优势。绿色宜居村镇也不是单纯保护环境，而是要在村镇经济发展基础上建设绿色宜居村镇，实现经济发展与环境保护相互促进、相得益彰。这就要求牢固树立和贯彻落实绿水青山就是金山银山理念，科学认识绿色宜居村镇建设与经济发展之间的辩证关系，将经济发展与生态文明建设有机融合起来，努力实现绿色宜居村镇建设与经济高质量发展相辅相成。

（3）绿色宜居村镇应该形成"资源-环境-经济-社会（设施、文化）-信息-风险管控"多元要素融合的复合型生态经济

融合发展是现代产业的重要特征，是满足消费者多元化需求的必然趋势，也是实现绿色宜居村镇建设与经济高质量发展相得益彰的基本路径。融合发展要求从村镇全域、全要素、全产业链、全价循环、全生命周期的角度出发，突破区域空间边界、要素功能边界、传统产业边界和分工主体的边界。

1）村镇全域联合绿色发展，实现产村镇融合。例如，浙江省平湖市广陈镇和上海市金山区廊下镇仅一条山塘河之隔，两地语言相通、习俗相近、文脉相似，经济、社会、文化、生态高度关联。近几年，两地进行跨区域"联姻"，突破行政区域藩篱，实现公共设施共享，通过协同规划和市场运作，产业发展从"竞争"转向"竞合"，打造了跨区域发展、一体化发展的新乡村群与乡村振兴共同体[54]。

2）村镇全要素融合发展，实现聚和倍增效应。全素融合发展应追求生产要素、生态要素、科技要素、生活要素、文化要素相互融合。例如，陕西洛南仓颉小镇旅游景区，依托仓颉造字遗迹、洛惠渠及仓圣湖等山水生态资源，以"仓颉碑林"为文化主题，规划建设中华仓颉汉字文化博览园、主题教育拓展基地、康体养生度假区及滨河景观带，呈现"一带三板块"的小镇格局。在挖掘仓颉文化内涵，引申智造精神、人文之美、国家统一等精神内涵的同时，进一步衍生出书法绘画、碑刻工艺、教育培训等主题，同步开发文教、文娱、文商及康养四大业态，打造集"文、教、养、游"于一体的文旅特色景区，实现了资源要素、生态要素、文化要素、生产要素、科技要素、生活要素的有机融合。

3）村镇全产业链协同，实现上下游贯通发展。村镇应统筹规划特色产业链，促进产业链两头延伸，整体附加值提高。例如，江西省全南县大力发展芳香产业，建立赣江源多功能生态经济示范园，带动1.3万农户从事育苗生产、花木种植、精油深加工等，生产的精油等产品远销东南亚，人均年收入达2万余元[55]。

4）村镇产业全价循环，实现产业全面绿色提升。铜川市生物质绿色循环高效利用技术是基于农业有机废弃物生物质能高效利用的产、学、研、融、供、销一体化的产业集群循环发展技术，其采用"人工仿生降解"技术处理方式，可将农业和农村生产、生活废弃物通过一系列步骤降解为五大类物质2485种有机小分子有机物质，同时还可螯合多种中微量元素。而如果自然降解，产物中五大类物质只可获取867种有机小分子，几乎损失三分之二。该项技术可应用于农产品品质提升、土壤改良、盐碱地、沙化地、荒漠化的修复与治理。

5）村镇建设项目全生命周期管理，实现绿色宜居项目"规划-建设-管理"结合，"投资-建设-运营"统一。例如，陕西洛南县保安镇仓颉小镇项目，采用由中建一局负责的设计采购施工一体化的工程总承包模式，有效保证了项目规划设计意图的完整实现。

总体而言，本书所说的绿色宜居村镇是指自然村、行政村、建制镇、非建制镇在国家"乡村振兴战略"背景下，以村镇的自然属性为根，以人为本，尊重自然、顺应自然、保护自然，以绿色发展为目标，以绿色经济为动能，以绿色标准为依据，始终坚持绿色产业发展与产业绿色发展并重，通过融合发展路径，借助节能环保技术，依托绿色项目，建设起来的环境宜居、资源友好、经济发展、乡风文明、设施完备、社会稳定、治理高效的新型村镇体系，是在传统村镇体系的基础上进行的内涵延伸与外延扩展。

2.1.5 绿色宜居村镇建设规划特征要求

绿色宜居村镇是在绿色宜居目标导向下对村镇建设发展提出的更高要求，是中国在新的起点上开启全面建设社会主义现代化国家新征程中村镇要实现的目标，是进入新发展阶段、贯彻新发展理念、构建新发展格局的关键举措和重要领域。这就要求中国村镇在未来的规划建设过程必须始终坚持全面落实绿色循环、可持续、高质量发展观念。只有在规划阶段贯彻落实绿色循环、可持续、高质量发展的观念，才能提出更多绿色宜居村镇项目，才有可能实现绿色宜居村镇的建设目标。因此，绿色宜居村镇与传统村镇在建设规划特征要求上存在本质区别，如图2-2所示。

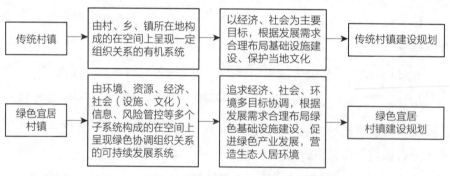

图2-2 绿色宜居村镇与传统村镇建设规划区别

绿色宜居村镇建设规划需要在传统村镇的基础上进行绿色创新，主要体现在以下三个方面：

（1）绿色宜居村镇建设规划应当以村镇的自然和人文资源为根

未来村镇建设规划要保留村镇原始风貌和地域特色，看得见山、望得见水、记得住乡愁。要统筹山水林田湖草沙一体化保护和修复，实施重要生态系统保护和修复重大工程，科学有序布局生态、产业、城镇等功能，推动传统产业智能化、清洁化改造，促进生态环境保护产业与新兴产业融合，推动绿色新型基础设施建设，推动生态环境质量持续向好。

（2）绿色宜居村镇建设规划应当统筹推进产、村、镇融合创新

村镇建设规划应始终注重工农结合发展、产城融合发展、一二三产业融通发展、生产生活生态和谐发展，加强全局性谋划、整体性推进，兼顾"管当前"与"利长远"，统筹"扬优势"与"补短板"，协调"扩总量"与"优质量"，前瞻性思考、全局性谋划、战略性布局、整体性推进。只有推动经济社会全面绿色转型，形成更多的绿色生态产业链，提供更多优质生态产品，实现农民增收和生活富裕，才能最终实现生态宜居目标。

（3）绿色宜居村镇建设规划应秉持绿色价值体系和决策体系

村镇建设规划应始终崇尚创新、倡导绿色，贯彻生态文明思想，践行"绿水青山就是金山银山"理念，夯实生态责任，科学融通环境、资源、经济、社会、设施、信息、安全、风险等多个目标，强化绿色发展的法律和政策保障，健全自然资源资产产权制度和法律法规，建立生态产品价值实现机制，保证经济社会发展和生态环境保护协调统一、相互促进。

2.1.6 绿色宜居村镇建设发展演化过程

（1）绿色宜居村镇建设政策演变

绿色宜居村镇建设旨在促使村镇社会经济环境全面绿色转型，是在原有村镇基础上，通过绿色村镇建设规划、项目决策和建设运营，使得原有村镇朝着更加绿色宜居的方向发展。村镇建设的发展伴随着相关政策的演变，可透过搜集到的1989—2020年的有关村镇建设的36条典型政策（图2-3）进行研究。从图2-3可以看出绿色宜居村镇经历了新农村建设（2005）、美丽乡村建设（2013）、打造田园综合体（2017）、创建绿色村庄（2017）等多个阶段。绿色宜居乡镇则先后经历了绿色重点小城镇试点（2011）、绿色低碳重点小城镇建设（2011）、特色小镇建设（2016）、特色小镇高质量发展（2018）

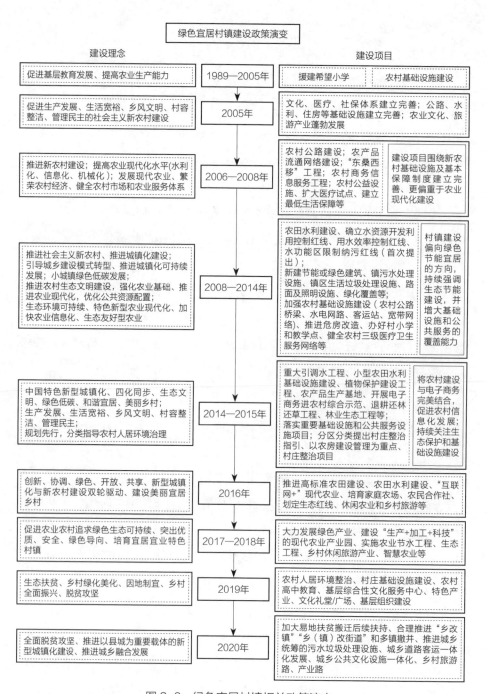

图 2-3 绿色宜居村镇相关政策演变

等多个阶段，其建设目标也从起初的生产发展、生活富裕（2005）增加了后来的生态可持续（2013）、绿色低碳（2014）及宜业宜居宜游（2018）。可见，村镇建设政策经历了从小康向宜居再向绿色演变的过程。在新型城镇化的背景下，绿色宜居成为村镇建设发展的必然趋势，绿色宜居也成为村镇建设发展的目标导向。

（2）绿色宜居村镇建设历程

2011年国家进行绿色重点小城镇建设试点工作，并将绿色低碳、和谐宜居作为建设目标。2013年我国开始启动美丽宜居示范小镇与美丽宜居示范村庄评选工作，从已经公布的四批名单来看，入选的数量在逐年增加，如图2-4所示。2016年国家开展绿色村庄创建与评选工作，2017年公布的名单中有5855个村庄入选。2018年1月2日《中共中央 国务院关于实施乡村振兴战略的意见》中提到推进乡村绿色发展，并明确指出乡村振兴背景下的村镇建设目标——到2035年美丽宜居村镇基本实现，2050年乡村振兴目标全面实现[56]，由此可见，绿色宜居村镇建设是未来乡村建设中的重点，关系到乡村振兴战略目标的实现。

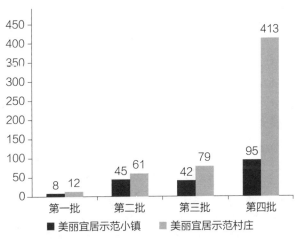

图2-4　四批美丽宜居示范小镇、美丽宜居示范村庄数量

2.1.7 绿色宜居村镇发展模式

通过对绿色宜居村镇演变历程分析发现，组织、政策、要素是推动绿色宜居村镇发展的三个重要因素，其中组织是村镇发展的坚强保证，政策是村镇发展的决策依据，要素是村镇发展的重要资源。要素又包括土地、资本、人才、技术等资源，生态和自然环境，经济发展水平，基础设施和公共设施，社会稳定文明和谐程度，新型基础设施和管理智慧化程度等。考虑不同地区村镇的资源禀赋和区位条件，针对不同地区村镇的发展现状和目标定位，结合不同地区村镇主导产业发展方向，可划分出四种绿色宜居乡村发展模式，即聚集提升发展模式、融入城镇发展模式、特色保护发展模式、搬迁撤并发展模式；可划分出四种绿色宜居小城镇发展模式，即特色产业发展模式、多元均衡发展模式、人文生态发展模式和城乡互补发展模式，其模式图如图2-5所示。

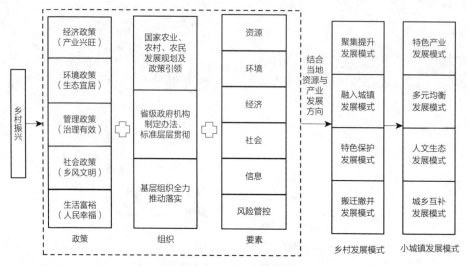

图 2-5 绿色宜居村镇发展模式示意图

2.2 绿色宜居村镇建设项目

2.2.1 绿色宜居村镇建设项目内涵

（1）从绿色宜居村镇建设目标看项目内涵

绿色宜居村镇建设项目是实现绿色宜居村镇规划建设目标的手段。绿色宜居村镇建设项目包括基础设施、公共配套设施、环境治理工程、智慧化设施、田园综合体、特色小镇、易地安置工程、现代农业产业、商贸服务、村民自建房等建设项目。自1989年村镇建设相关政策实施以来，基础设施与公共配套设施建设项目建设始终是村镇建设的重点内容。2011年绿色重点小城镇的提出标志着村镇绿色环保项目的展开，自此之后村镇大力建设环境整治项目，产业、设施等各类建设项目也全面贯彻落实绿色、低碳、环保、可持续发展思想。2018年的乡村振兴战略规划对村镇建设项目在绿色、低碳的基础上提出了更高的要求，同时要求加快村镇信息化建设，加快智能设施推广应用，全面推进村镇建设向绿色宜居方向迈进。

（2）从政府对绿色宜居村镇建设项目管控看项目内涵

建设项目是实现绿色宜居村镇规划、建设、运维全寿命周期管理的载体。规划是项目建设的前提，科学决策是项目成功与否的关键一步。绿色宜居村镇建设项目特指在上述绿色宜居村镇范围内经过村镇规划、决策审批建设的各类项目，是满足乡村振兴战略下绿色宜居村镇建设的要求，在传统村镇建设项目的基础上融入绿色、环保、信息等新添元素的建设项目，如图2-6所示。绿色宜居村镇建设项目主要包括基础设施项目（道路、给水排水、电力、天然气、供暖）、公共配套设施项目（教育、医疗、文化、体育、商贸、物流等）、环境整治项目（节水洁厕、污水处理、雨污分流、清洁取暖、地下综合管沟）、绿色特色产业项目（特色农业、有机果蔬、食品加工、文旅康养等项目）、田园综合体项目（休闲农业、全域旅游项目）、智慧化设施项目（通信工程、使用信息技术的项目）、特色小镇、易地安置项目和村民自建房示范推广项目9大类建设项目。建设项目规划完成后，再通过决策、设计、发包、制造、建造、全过程工程管理和交付使用后的运行维护，为业主提供优质产品和上乘服务。

（3）从绿色宜居村镇建设项目资金来源看项目内涵

绿色宜居村镇建设项目主要分为政府投资项目、企业投资项目、村集体投资项目、政府+社会资本投资项目、村集体+社会资本投资项目5类。其中政府投资的建设项目规模较大、结构较为复杂；村集体投资的建设项目规模相对较小，结构相对简单。政府部门和村集体的投资项目多以基础性和公益性的非经营性项目为主；企业投资项目多以经营性项目为主。

绿色宜居村镇建设项目与传统村镇项目的内涵比较如图2-6所示。

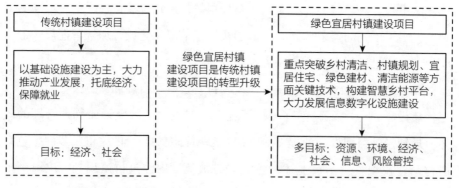

图2-6 绿色宜居村镇建设项目与传统村镇项目的内涵比较

（4）从"十四五"规划看村镇建设项目内涵

在经历了新农村建设、美丽乡村建设、打造田园综合体、创建绿色村庄及脱贫攻坚后，村镇的道路、给水排水、电力、通信等基础设施已基本到位，有些地区的管网甚至全部实现了地埋化、管沟化。村民服务中心、幼儿园、中小学、卫生院、社会福利中心及文化活动场所也一应俱全。在广泛搜集并大量阅读各乡镇的"十四五"规划后发现，未来我国村镇亟需大量建设的项目有以下四类：第一类是垃圾处理、污水处理、节水洁厕、雨污分流、清洁取暖、地下综合管沟、违建拆除、绿化、亮化、净化、美化等环境整治项目；第二类是部分地区需要进行的道路拓宽提升改造、清洁能源等基础设施项目；第三类是城乡接合部等无耕地社区需要建设的文化、体育、教育、医疗等生活服务设施项目；第四类是所有的村镇都亟需建设的绿色特色产业项目。

2.2.2 绿色宜居村镇发展模式下的村镇建设项目类型

我国广大村镇已实现了基础设施通达完善、生活配套设施便利迅捷、文化活动丰富多彩，群众居住环境和生活品质得到了大幅度提升。未来亟需发展绿色产业，推进产业绿色化，留住村镇人才，增加农民收入。而不同的绿色宜居村镇发展模式产生的建设项目类型会有所不同。

（1）特色产业发展模式下的建设项目类型

特色产业发展模式下的建设项目具有园区化、专业化、规模化、产业化、智慧化的特点，主要包括现代农业产业园、特色小镇、农产品深加工、畜产品养殖、特色种植、休闲旅游农业等类型。例如，陕西省武功县武功镇的猕猴桃产业是现代农业产业园的典型代表，其由县发改委负责招商，引进专业企业和种植大户集中管理流转土地，县农业农村局和乡镇配合建设地下供水管网、田间道路设施等，园区合作社负责选择优质品种、园区管理、供应链品质控制、整合订单、销售渠道、土地、劳务等资源，土地流转后的村民腾出精力，可以外出打工，也可以在园区务工，脱贫致富效果非常好，带动了周边的2个镇7个村猕猴桃特色种植业的发展，实现了供应商、村民的双赢和一二三产联动。再例如，陕西农产品加工贸易示范园区是农产品深加工的典型代表，其基本格局为"一核两翼"，包括杨凌核心园区，武功园区和扶风园区两翼，其中武功园区包括综合服务区、现代商贸物流区、农产品精深加工区、高端食品制造区和生态休闲区，园区建成后将成为互联网+"一二三产业融合综合示范区"、西部最大的农物产品生产加工运营基地和全国最大的农特产品交易中心物流集散地。

（2）多元均衡发展模式下的建设项目类型

多元均衡发展模式下的建设项目类型主要有现代生态农业+农产品深加工、现代生态农业+畜产品养殖、现代生态农业+休闲文化旅游或现代生态农业+多种产业等多元发展的产业项目。例如，位于陕西省宝鸡市扶风县的法门镇就是现代生态农业+休闲文化旅游的典型。法门镇是世界佛教圣地、国家5A级旅游景区法门寺所在地，也是周礼文化发祥地、周原遗址所在地。同时，法门镇位于黄土台塬之上，地形北高南低，自然生态环境良好，山水格局突出，镇域西部为七星河国家湿地公园，东部为美阳河，其中点缀有五座水库，北部西观山山体植被覆盖面积大，绿化良好，是野河山省级自然保护区的重要组成部分。依托法门寺文化资源和优特农产品生产的良好条件，法门镇确定了文化旅游业和现代生态农业的多元主导产业定位。在文化旅游业发展中，完善和延伸旅游产业链，建设法门寺游客服务中心、《法门往事》文化互动体验、大美佛汤城、法门大智文化园及丝绸之路西域民族文化风情园等项目。在现代生态农业发展中，丰富生态农业类型，打造观光农业，重点投资建设光泰生态农业观光园、法门灵芝文化生态观光园、农林千亩花椒示范园、优质苹果示范基地、万亩小麦丰产田和种子田，培育"北椒、中果、南菜、菌覆盖"的多元产业格局。

（3）人文生态发展模式下的建设项目类型

人文生态发展模式下的建设项目类型主要有田园综合体项目。其中田园综合体项目又可分为人文生态经济+艺术生活、人文生态经济+花海经济、人文生态经济+旅游经济、人文生态经济+康养经济等类型。例如，陕西省洛南县音乐小镇的人文生态经济+艺术生活的典型，其依托秦岭优美生态，打造了"丝路国际音乐节和丝路国际交响乐论坛"两大国家级文化品牌，创建成了国家4A级旅游景区，打造了国家音乐产业基地，彰显绿水青山的生态价值，让美丽山川和优美音乐交相辉映。又例如，陕西省洛南县万亩花海是人文生态经济+花海经济的典型，花海从4月、5月开始直到9月中旬，先是油菜花、玫瑰花，接着是万寿菊，绚烂色彩如走进油画中，而这花海的神奇之处在于除了观赏还价值不菲，是带动洛南县贫困人口脱贫的优势产业。再例如，浙江省湖州市等地乡村的山水民宿是人文生态经济+旅游经济的典型，已形成较好的品牌和集群效应。还例如，福建省建设颐养福地是人文生态经济+健养经济的典型，其发展的健康养老养生产业，呈现出生态农业资源、旅游资源、区位交通和客源等叠加优势。

（4）城乡互补发展模式下的建设项目类型

城乡互补发展模式下的村镇建设项目类型的主要产城融合项目，包括涉农高科技产业项目、湿地公园等环境整治项目、易地安置项目以及物流中心、电商中心、文化体育、医疗康养等公共配套设施项目。例如，陕西武功县武功镇的漆水湿地公园项目，占地550亩，南抵仁义大道，北接姜嫄水乡，西临风情街肆，东括漆水湖面，由后稷广场、生态湿地、漆水湖三部分组成，设置有沿河生态栈道、怡心岛、儿童游乐场、休闲环形步道等，融湖光水色、园林花木为一体，属于武功古城亲水黄金体验地带，是西安、咸阳、宝鸡等四方游客和县城居民文化体验、生态观光、娱乐休闲的好去处。再例如，武功县西部数字经济示范园建设项目，总建筑面积306000m^2，依托县城建成区完善的基础设施，主要建设商务办公中心、会议、住宿、餐馆、培训等产业综合服务中心、产品展示中心、智能云仓和智慧物流中心、商业综合体、电商学院、电商人才公寓等项目。还例如，武功县武功镇的谭寨新村，是县住建局打造的失地移民搬迁集中安置点，也是武功县全国的农房建设试点县、宜居性农房建设试点县的示范项目，在基础设施建设中采用了综合管沟、污水处理、雨污分流和天然气入户，同时，充分考虑村民变市民、农村变社区的新要求，住房设计为二层独院、带车位、全装修的住房，每户180m²左右，同时采用了施工简便、建造周期短、抗震效果好、拆迁时材料回收率达到90%的整体轻钢结构智能装配技术，很好起到了新型农房宣传示范、以点带面、推广普及的效果。

绿色宜居村镇发展模式下的村镇特色建设项目类型如图2-7所示。

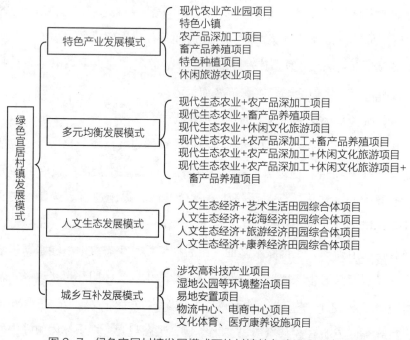

图 2-7　绿色宜居村镇发展模式下的村镇特色建设项目类型图

2.2.3　绿色宜居村镇建设项目特征

（1）政府投资为主导，积极引入社会资本

绿色宜居村镇建设项目资金来源上的显著特征是，资金主要以政府财政支持引导为主，积极引入社会资本。项目资金主要来源于：中央和省级专项资金、中央支援经济不发达地区发展资金、三西农业建设专项补助资金、新增财政扶贫资金、以工代赈资金、地方配套资金、中西部协作结对帮扶资金、社会融资、企业投资等。对于地方财力有限的地区，主要还有涉农资金整合、县（区）级及以上专项资金和社会融资。对于部分村镇发展相对滞后且无稳定财政收入或地方财政收入难以支撑一定规模建设任务的地区，项目建设资金则主要依赖于中央政府财政转移支付和社会资本。针对村镇建设资金瓶颈制约问题，2020年4月农业农村部印发《社会资本投资农业农村指引》[57]，将基础设施、特色产业、信息设施、环境整治等项目作为重点产业和领域，鼓励社会资本投资，拓宽社会资本参与方式，推进政府和社会资本合作，给绿色宜居村镇建设项目带来了机遇。各级政府积极创新，依托市场，多渠道、多元化筹措资金，形成地方财政配套、社会资本主投、专项补贴补充的资金筹措模式。因此绿色宜居村镇建设项目在资金来源方面形成以"政府投资引导，社会资本为主"的多元化投融资体系。

（2）满足安全健康节约环保要求

绿色宜居村镇建设项目重点体现在绿色宜居建设理念上，在项目建设的全寿命周期要始终将绿色作为标准，绿色村庄内的项目不仅要进行合理绿化，更要做到节约能源、推广使用可再生能源。参照《关于开展绿色村庄创建工作的指导意见》[58]、《绿色建筑评价标准》GB/T 50378—2019[59]，绿色宜居村镇建设项目也要使用绿色先进技术、设备，做到安全耐久、健康舒适、生活便利、资源节约、环境宜居，推进节约资源、保护环境。

（3）适应地域环境，传承村镇特色文化

我国地域辽阔，不同地域村镇的自然环境不同，长达数千年的发展也使得各地村镇形成了差异明显的风俗文化，因此绿色宜居村镇项目在建设过程中要以"尊重自然，因地制宜"作为原则，充分适应当地地域环境，传承当地特色风俗文化，在保留村镇特色的基础上融入绿色宜居思想，推动绿色宜居村镇建设。例如，陕西省洛南县玫瑰小镇项目就是结合当地观光农业条件优越的实际，倾心打造的农旅融合、旅游脱贫项目。地处玫瑰小镇核心区的草店村，南倚蟒岭、北附秦岭，境内生态资源丰富，自然条件优越，以核桃、大樱桃、中药材、烤烟、食用菌、玫瑰精油、粮食等种植业为主导产业，以此为基础，洛南县玫瑰小镇旅游开发有限公司开发建设了农业综合观光、民居改造、健康养老、小木屋度假、墙面绘画、景观绿化、污水处理等项目，达到了建筑之景、绿化之景、花卉之景、作物之景、河堤之景与远山远景相融合的视觉效果。

（4）实现环境目标约束下的经济、社会效益最大化

绿色宜居村镇建设项目与传统村镇建设项目最大的不同在于，以绿色生态循环为前提，统筹协调经济、社会、环境等多个目标，努力实现经济、社会、环境效益最大化。这就意味着绿色宜居村镇范围内的经营性项目要在保证环境的约束条件下实现经济效益最大化，实现经济、社会效益最大化。同样绿色宜居村镇范围内的非经营性项目也是在环境约束条件下，实现社会效益最大化。例如，陕西关中阳光、土壤、气候最适合优质猕猴桃生长，种植区覆盖了周至县、眉县、武功县、岐山县等地，产量占全世界产量的60%。为了猕猴桃果业可持续发展，各县高度重视食品安全，从选种、土壤修复、施有机肥、不打除草药剂、科学防治病虫害、周边环境保护、包装、储运、人员培训等环节严格执行绿色和有机生产标准，把消费者满意放在心上。同时，为使猕猴桃果业做大做强，产生显著的农民增收效益和现代农业示范带动效果，必须引进种植大户和专业户，将散户的土地流转到2000亩左右的规模，引进数字农业和订单农业，依标准生产，招农民做工，按高价收果，让电商销售，全供应链管理，实现产业化、标准化、专业化、规模化、园区化和合作化。农民除土地获得流转收入，还可常年在家门口务工，获得稳定可观的报酬，实现了农村绿色发展、产业兴旺和生活富裕。

（5）体现县域国民经济和社会发展规划要求

绿色宜居村镇建设项目都是在科学研判发展基础和发展形势，精准把

握发展脉络和战略定位基础上，为了实现发展目标和远景规划而提出的。例如，陕西省武功县为了加快数字产业化及产业数字化建设，加快培育发展新动能，提出的西部数字经济示范园建设项目、农业科技研发及数据中心建设项目、农特产品FD活性提取建设项目、智慧园区安环一体化项目、智慧旅游工程项目。又例如，陕西省扶风县为全面推进以人为核心的新型城镇化建设，实施产城融合工程，提出法汤段高速旁民俗体验基地建设项目、法门新城综合开发项目、扶风古城优化提升项目、县城新区与国家湿地公园融合项目等。

（6）充分发挥典型工程的引领示范作用

绿色宜居村镇建设，是村镇建设的前沿和热点，需要创业孵化、政策支持、培训宣传、工程示范。如武功县智慧农业试点项目，通过打造从田间到餐桌的闭环商业模式，从种植养殖、加工生产、仓储物流、市场营销环节打造自循环的现代农业全产业链和高端农产品，强化农业行业精准服务，主要包括智慧农业云平台、智慧农业系统、智能灌溉、智慧农田、智慧大棚、智慧农业控制系统等。又如礼泉县果业提质增效关键技术引进试验示范项目，通过建立礼泉县果业提质增效关键技术试验示范基地1000亩，开展新品种、新技术引进研发示范推广。再如武功县智慧街区示范建设项目，充分运用大数据和智能系统的基础上，以商业街区为载体，聚焦游客体验、商户引流、街区管理，打造"吃住行游购娱"一体的线上平台。

2.3 村镇建设项目多目标决策

2.3.1 村镇建设项目决策内涵

对建设项目全寿命周期进行阶段划分，大体可分为决策、设计、施工、运营4个阶段。项目决策属于项目建设前期论证过程，主要是开展项目立项审批相关工作。本书所研究的村镇建设项目决策特指项目立项、用地规划等法定审批流程，主要包括项目建议书、可行性研究报告和初步设计编制与审查。

（1）编制项目建议书

编制项目建议书的目的是从宏观上论述项目设立的必要性和可能性，主要围绕以下问题开展工作：机会研究或规划设想的效益前景是否可信，是否可以在此阶段阐明的资料基础上做出投资建议的决策；建设项目是否需要和值得进行可行性研究论证的详尽分析；项目研究中有哪些关键问题，是否需要作专题研究；所有可能的项目方案是否均已审查甄选过；在已获资料基础上，是否可以决定项目有无足够吸引力和可行性。

（2）编写建设项目可行性研究报告

项目可行性研究报告是在招商引资、投资合作、政府立项、银行贷款等领域常用的专业文件，主要从环境、资源、经济、社会、风险等多个目标层面，对项目投资的必要性、技术可行性、财务可行性、组织可行性、经济可行性、社会可行性、环保可行性、风险因素及对策进行充分论证，为项目决策提供参考，实现建设项目的立项审批。项目可行性分析主要包括环境影响评估、资源利用评估、财务评价、社会效益分析及风险评价、社会影响分析，报告里一般还涉及市场分析、产品方案和建设规模、项目地区建设条件、项目工艺技术方案、厂区建设方案及公用工程、劳动安全与工业卫生、消防、项目招标投标、投资估算及资金筹措，以及对项目建成后社会、市场情况的预测。

（3）初步设计

初步设计是根据批准的项目可行性研究报告和设计基础资料，设计部门对建设项目进行深入研究，对项目建设内容进行具体设计。主要依据可研报告批复的内容和要求，编制实施该项目的技术方案。初步设计文件包括设计说明书、有关专业设计的图纸、主要设备和材料表以及工程概算书。初步设计是编制年度投资计划和开展项目招标投标工作的依据。

结合国家相关政策对新时期生态文明背景下美丽乡村建设的要求，在绿色宜居村镇建设项目决策过程中需要综合多个目标，根据各个目标下的约束对建设项目进行多目标综合评价，衡量其建设的必要性、合理性和可行性。

2.3.2 村镇建设项目多目标决策内涵

绿色宜居村镇建设项目多目标决策是县级（各别情况下可委托镇级）项目决策部门在项目建设前期综合考虑环境、资源、经济、社会、信息、风险管控多个目标，对若干个建议项目（备选项目）进行综合性评价，选择经济、社会、环境效益较大的项目优先建设。绿色宜居村镇建设项目多目标决策本质上就是综合多个目标对若干个建议项目优胜劣汰的过程，对于不符合相关政策要求的建设项目可实行"一票否决"，符合相关政策的建设项目则结合多个目标进行综合性评价，对建设项目进行优化选择，实现资源合理化分配与效益最大化。村镇项目多目标决策原理如图2-8所示。

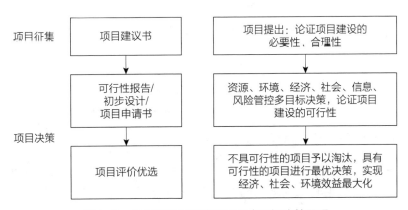

图2-8 绿色宜居村镇建设项目多目标决策原理

2.3.3 建设项目多目标决策理论基础

（1）规制理论

规制理论最早可追溯到西方20世纪70年代末的激励性规制相关理论，广义的规制理论将规制理解为"一种以维护市场秩序为目的，由相关利益主体基于社会规范对市场某类经济活动进行干预和控制的活动"[60]。行使规制活动的主体大多是相关政府部门，根据行使规制的方式及目的，可将规制活动划分为经济性质、社会性质两大类。经济性规制主要是指为了维持市场稳定，针对某类垄断性行业采用限价、审批、税收等经济性手段进行管制。社会性规制是随着新时期社会发展后兴起来的一种规制方式，以确保社会公众生命健康、实现环境绿色环保为主要目的，通过颁布相关政策、设立相关标准、收取违规费用等多种手段进行管制。

不同时期政府部门采用的规制手段不尽相同。当今时代，中国已进入生态文明背景下的新型城镇化建设时期，对于绿色低碳、生态环保的要求更加严格，达到一定规模的项目必须设立明确标准，进行环境影响评估、节能评估、风险评估，对于不符合相关标准的项目严格执行"一票否决"。对于有害物质排放征收环保税，通过增加项目成本实现建设项目规制。

绿色宜居村镇建设项目决策以相关政策规定为决策标准，侧重于社会性规制，同时也包括经济性规制，通过双层规制确保项目的绿色宜居性，如图2-9所示。

（2）扎根理论

扎根理论属于定性研究方法，主要是从政策、文献、经验、资料、报告、案例、问卷中提炼概念，通过层层精简、凝练，最终得出核心概念的过程。扎根理论通过自下而上三级编码的顺序建立对应的理论体系，包括：

1）开放式编码（一级编码）。通过分析原始文本资料，找出原始语句并进行初始编码，提炼出初始概念即子范畴。

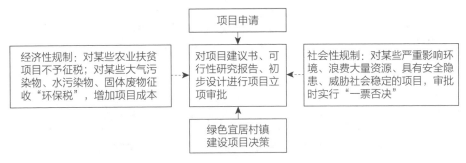

图 2-9 绿色宜居村镇建设项目规制

2）主轴编码（二级编码）。分析多个子范畴之间的联系，探讨其各自的影响方面及影响程度，将影响同一方面具有同样影响效果的初始概念/子范畴归为一类，提炼出相应的主范畴，用较少的主范畴高度概括所有的子范畴。

3）选择性编码（三级编码）。在主轴编码的基础上，分析各子范畴的共同作用因子，高度凝练、概括得到核心范畴，通过三级编码得到关于核心范畴的理论指标体系。

扎根理论需要对政策、文献、经验、资料、报告、案例、问卷进行反复分析、编码、验证，直至不再出现新的概念范畴，才能证明构建的指标在理论上趋于饱和。本研究借助扎根理论构建绿色宜居村镇建设项目多目标决策指标体系，再在建设项目多目标决策分类的基础上，分别构建政府部门决策指标体系与村集体组织决策指标体系，如图2-10所示。

（3）费用效益分析

费用效益分析是以实现全社会资源有效配置为目标，站在政府部门的层级上，从国民经济角度，权衡建设项目全寿命周期产生的全部预期费用和全部预期效益的现值，引入影子价格、社会折现率对项目的费用和效益进行参数处理，从技术经济角度判断建设项目可行性，以促进经济、社会效益最大化[61]。因为要考虑全社会资源优化配置，所以费用效益分析不仅要

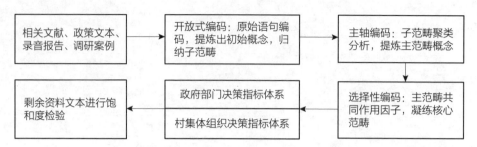

图 2-10　运用扎根理论确定绿色宜居村镇建设项目多目标决策指标过程示意图

计算直接费用和直接效益，而且还要计算间接费用和间接效益。费用效益分析中的费用和效益一般以货币为计量单位，因此费用和效益指标大多为货币化定量指标。费用效益分析主要适用于基础性项目和公益性项目决策分析，通常以经济内部收益率（$EIRR$）、经济净现值（$ENPV$）、效益费用比（B/C）作为评价指标，判别标准为：若$ENPV \geqslant 0$，$EIRR \geqslant i_s$（i_s为社会折现率），$B/C \geqslant 1$，则从国民经济角度看，项目具有可行性。

在传统的费用效益分析中，环境影响效果、社会效益作为项目间接效果或外部效果通常难以量化，导致项目评价不够全面，在体现绿色发展方面存在一定的缺陷。本研究以绿色宜居为目标导向，在进行村镇建设项目决策分析时，以传统费用效益分析为基础，根据相关政策标准，将碳排放、大气污染气体、水污染物质、噪声影响程度、固体废物污染等环境效果指标进行货币量化，计算项目环境成本，同时量化其社会效益，对绿色宜居村镇建设项目进行基于环境、社会指标量化的费用效益分析（图2-11），促进采用节能

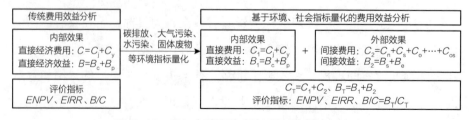

图 2-11　绿色宜居村镇建设项目费用效益分析

环保技术进行项目建设，确保项目绿色环保。

图2-11中：C_j表示项目建设成本，C_y表示项目运行成本，C_n表示项目建设过程中产生超标噪声所增加的成本，C_s表示项目建设过程中排放二氧化硫所增加的成本，C_o表示项目建设过程中排放氮氧化物所增加的成本，C_{os}表示二氧化碳超排费用，C_T表示项目总成本。

B_c表示项目基本效益，B_p表示项目派生效益，B_s表示项目社会效益，B_e表示项目环境效益，B_T表示项目总效益。

ENPV表示经济净现值，EIRR表示经济内部收益率，B/C表示效益费用比。

（4）优劣解距离法（TOPSIS分析）

优劣解距离法（TOPSIS分析），以逼近理想点作为评判标准，由C.L.Hwang和K.Yoon于1981年正式提出，适用于综合多个指标对多个方案进行系统评价[62]，是多目标决策问题常用的分析方法之一。TOPSIS分析法的原理是把理想状态抽象成理想点，各方面达到最优程度的为正理想点；相反各方面达到最差程度的为负理想点。同时引入贴近度概念，通过比较多个方案与正理想点的贴近度进行方案优选，即计算多个方案与两个理想点的相对距离，其中最靠近最优状态的正理想点，同时最远离最差状态的负理想点的方案为最优。

TOPSIS分析可将费用效益与费用效果分析结合起来进行建设项目决策分析。可货币量化的指标用于费用效益指标计算；难以货币量化的指标借鉴费用效果指标处理方法，邀请专业人员根据项目实际情况对指标打分，所有指标的初始数据即组成TOPSIS分析的原始数据矩阵，通过规范化、加权规范化处理，对所有指标进行属性划分，确定两个理想点矩阵，计算多个备选方案的贴近度，进行多方案优选。

传统TOPSIS存在两点缺陷：

1）在确定正理想点矩阵时，取所有正向指标的最大值，以及负向指标的最小值；相反，确定负理想点矩阵时，取所有正向指标的最小值，以及负向指标的最大值，一旦备选方案的数量变化，理想点矩阵就会随之变化，导致方案贴近度改变，可能发生逆序。

2）在贴近度相同时无法进行比较（方案A与B恰好在两个理想点的垂直平分线上），无法进行决策。

本研究针对传统TOPSIS分析的两点缺陷进行改进，指定两个理想点矩阵，改进贴近度计算公式，并对政府部门决策的绿色宜居村镇建设项目进行评价，如图2-12所示。

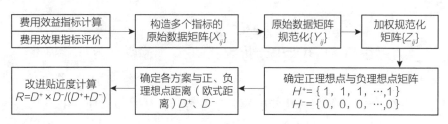

图 2-12　基于改进 TOPSIS 的绿色宜居村镇建设项目评价分析

2.3.4　建设项目多目标决策理论框架

本研究针对绿色宜居村镇建设项目多目标决策进行研究，以规制理论、扎根理论、基于环境、社会指标量化的费用效益分析、基于改进的TOPSIS分析为相关理论基础，构建绿色宜居村镇建设项目多目标决策理论框架如图2-13所示。

2.3.5　建设项目多目标决策原则

绿色宜居村镇建设项目多目标决策主体都是相关政府部门，决策流程也是建立在法定审批程序的基础上。在多目标决策过程中，结合所在村镇现

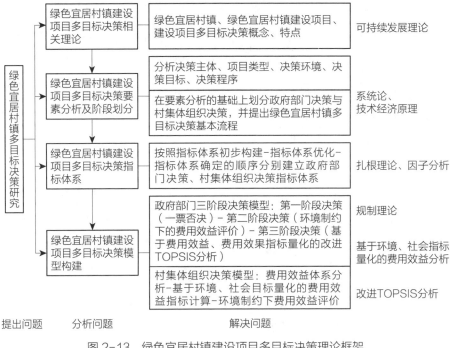

图 2-13 绿色宜居村镇建设项目多目标决策理论框架

状,对项目进行综合评价,有利于以较小的环境资源代价获得较大的经济和社会效益。在进行绿色宜居村镇建设项目多目标决策时,须遵循以下原则:

(1) 符合政策法规原则

绿色宜居村镇是"乡村振兴"背景下提出的,在进行绿色宜居村镇建设项目多目标决策时,须严格遵循相关政策规定,既要符合国家相关法律法规,又要符合所在村镇的国土空间规划、村镇总体规划、社会发展规划以及其他相关产业政策,对于违背相关政策的建设项目直接否定,对于相关评估不合格的建设项目不予立项,对有违法行为的项目、重大安全风险项目实行"一票否决"。

(2) 重视生态效益原则

能源低碳化事关人类未来。我国"十四五"规划和二〇三五年远景目标纲要提出，争取在2030年实现"碳达峰"、2060年前实现"碳中和"目标。为了实现"双碳目标"，必须通过区域环评、规划环评、项目环评、排污许可、监督执法、督察问责"六位一体"的全过程环境管理，引导高耗能、高排放项目低碳绿色转型发展，坚决遏制高耗能、高排放项目盲目发展，对触碰生态红线的项目实行"一票否决"。

（3）资源最优分配原则

县级人民政府每年在项目征集阶段都会收集到大量项目方案，最后实际建设的却远远没有这么多，原因就在于资源的有限性。政府投资和社会资本金额是有限的，项目所在村镇的能源消费是有限额的。政府决策主体需要保证项目建设是在地方财政可承受范围内，企业投资在合法合规的基础上要考虑项目盈利能力，同时又不超过当地预测能源消费限额。只有进行绿色宜居村镇建设项目筛选，才能避免因决策多目标不协调而导致的大量资源浪费，实现资源优化分配和效益最大化。

（4）项目比较优选原则

决策主体对于各项评估合格、具有可行性的备选建设项目需要进行比较优选。这就需要结合项目所处村镇发展状况以及决策者偏好为建设项目的多个目标确定权重，综合分析多个建设项目决策指标，计算建设项目与理想绿色宜居村镇建设项目的贴近度，比较多个项目的贴近度，优选贴近度大的建设项目，实现优中选优的目的。

（5）促进均衡发展原则

各个村镇的经济发展水平不尽相同，绿色宜居程度参差不齐，这就要求决策者在进行绿色宜居村镇建设项目多目标决策时充分考虑项目所在村镇发展水平，尽量减小各个村镇之间的发展差异，促进各地均衡发展。

（6）分类指导管理原则

绿色宜居村镇建设项目类型众多，不同建设项目的决策目标不尽相同，不同决策主体在进行不同建设项目决策时，需要采用不同的多目标决策模式，以不同项目的决策流程为基础，实施项目决策差异化管理，既有利于节省人力、时间及相关资源，又能简化决策流程，实现科学决策。

2.4 本章小结

本章主要从绿色宜居村镇、绿色宜居村镇建设项目、建设项目多目标决策三方面介绍绿色宜居村镇建设项目多目标决策理论体系。首先，从环境、资源、经济、社会、设施、信息多方面定义了绿色宜居村镇，介绍了绿色宜居村镇的演变历程；其次，结合绿色宜居村镇给出了绿色宜居村镇建设项目的定义，并且从投资来源、建设要求、追求目标三方面总结了项目特征；最后界定了绿色宜居村镇建设项目多目标决策的内涵，介绍了相关理论及其不足，明确了本研究的改进和创新，为绿色宜居村镇建设项目多目标决策分析奠定基础。

3

绿色宜居村镇建设项目多目标决策要素分析及阶段划分

绿色宜居村镇建设项目多目标决策是以建设项目为研究对象所进行的技术经济评价活动。本章针对绿色宜居村镇建设项目，遵循技术经济活动规律，分析多目标决策系统要素，识别决策主体与决策目标，明确决策类别及决策阶段，归纳决策基本流程，构建绿色宜居村镇建设项目多目标决策体系。

3.1 投融资决策管理规制

3.1.1 我国现行投融资决策管理规定

2016年7月5日《中共中央 国务院关于深化投融资体制改革的意见》[63]（以下简称《意见》）中指出，党的十八大以来，党中央、国务院大力推进简政放权、放管结合、优化服务改革，投融资体制改革取得新的突破，投资项目审批范围大幅度缩减，投资管理工作重心逐步从事前审批转向过程服务和事中事后监管，企业投资自主权进一步落实，调动了社会资本积极性。为深化投融资体制改革，充分发挥投资对稳增长、调结构、惠民生的关键作用，国务院又提出了深化投融资体制改革的意见，其中关于政府投资项目决策管理，《意见》进一步明确了以下几点：

（1）制定政府投资范围

政府投资资金只投向市场不能有效配置资源的社会公益服务、公共基础设施、农业农村、生态环境保护和修复、重大科技进步、社会管理、国家安全等公共领域的项目，以非经营性项目为主，原则上不支持经营性项目。建立政府投资范围定期评估调整机制，不断优化投资方向和结构，提高投资效率。

（2）优化政府投资安排方式

政府投资资金按项目安排，以直接投资方式为主。对确需支持的经营性项目，主要采取资本金注入方式投入，也可适当采取投资补助、贷款贴息等方式进行引导。

（3）规范政府投资管理

建立覆盖各地区各部门的政府投资项目库，未入库项目原则上不予安排政府投资。改进和规范政府投资项目审批制，采用直接投资和资本金注入方式的项目，对经济社会发展、社会公众利益有重大影响或者投资规模较大的，要在咨询机构评估、公众参与、专家评议、风险评估等科学论证基础上，严格审批项目建议书、可行性研究报告、初步设计。探索建立多评合一、统一评审的新模式。

（4）确立企业投资主体地位

坚持企业投资核准范围最小化，原则上由企业依法依规自主决策投资行为。对极少数关系国家安全和生态安全、涉及全国重大生产力布局、战略性资源开发和重大公共利益等项目，政府从维护社会公共利益角度确需依法进行审查把关的，应将相关事项以清单方式列明，最大限度缩减核准事项。及时修订并公布《政府核准的投资项目目录（2016年本）》，实行企业投资项目管理负面清单制度，除目录范围内的项目外，一律实行备案制，由企业按照有关规定向备案机关备案。

（5）规范企业投资行为

各类企业要严格遵守城乡规划、土地管理、环境保护、安全生产等方面的法律法规，认真执行相关政策和标准规定，依法落实项目法人责任制、招标投标制、工程监理制和合同管理制，切实加强信用体系建设，自觉规范投资行为。对于以不正当手段取得核准或备案手续以及未按照核准内容进行建设的项目，核准、备案机关应当根据情节轻重依法给予警告、责令停止建设、责令停产等处罚；对于未依法办理其他相关手续擅自开工建设，以及建设过程中违反城乡规划、土地管理、环境保护、安全生产等方面的法律法规的项目，相关部门应依法予以处罚。

3.1.2 我国现行政府投资项目管理规定

2019年4月14日中华人民共和国国务院令第712号《政府投资条例》[64]（以下简称《条例》）对我国现行政府投资项目进行了阐释。

《条例》称政府投资，是指在中国境内使用预算安排的资金进行固定资产投资建设活动，包括新建、扩建、改建、技术改造等。

《条例》指出政府投资资金应当投向市场不能有效配置资源的社会公益服务、公共基础设施、农业农村、生态环境保护、重大科技进步、社会管理、国家安全等公共领域的项目，以非经营性项目为主。县级以上地方人民政府投资主管部门和其他有关部门依照本条例和本级人民政府规定的职责分工，履行相应的政府投资管理职责。

《条例》要求县级以上人民政府应当根据国民经济和社会发展规划、中期财政规划和国家宏观调控政策，结合财政收支状况，统筹安排使用政府投资资金的项目，规范使用各类政府投资资金。

《条例》明确政府采取直接投资方式、资本金注入方式投资的项目（以下统称政府投资项目），项目单位应当编制项目建议书、可行性研究报告、初步设计，按照政府投资管理权限和规定的程序，报投资主管部门或者其他有关部门审批。项目单位应当加强政府投资项目的前期工作，保证前期工作的深度达到规定的要求，并对项目建议书、可行性研究报告、初步设计以及依法应当附具的其他文件的真实性负责。

县级以上地方各级人民政府是指省、自治区、直辖市、设区的市、县、自治县、不设区的市、市辖区的人民政府。

3.1.3 我国现行预算内投资资本金注入项目管理规定

国家发展改革委于2021年6月19日印发《中央预算内投资资本金注入项目管理办法》[65]（国家发展改革委令2021年第44号）（下简称《办法》），对中央预算内资金投向、审批权限、审批程序、建设实施管理等方面作出相应制度安排。

《办法》明确采取资本金注入方式安排的中央预算内投资，应按照集中力量办大事、难事、急事的原则要求，主要投向社会公益服务、公共基础设施、农业农村、生态环境保护、重大科技进步、社会管理、国家安全等公共领域的经营性项目，并积极引导和带动社会投资。

《办法》明确中央预算内投资所形成的资本金属于国家资本金，由政府出资人代表行使所有者权益。政府出资人代表原则上应为国有资产管理部门、事业单位，国有或国有控股企业。国家建立健全政策措施，鼓励政府出资人代表对中央预算内投资资本金注入项目所持有的权益不分取或少分取红利，以引导社会资本投资。

《办法》规定国家发展改革委负责审批以下资本金注入项目：国家发展改革委直接安排投资的中央单位项目；需要跨地区、跨部门、跨领域统筹的项目；党中央、国务院要求或法律、行政法规规定由国家发展改革委审批的项目；国家有关规定中明确由国家发展改革委审批的其他项目。对于特别重大的项目，由国家发展改革委根据有关规定核报国务院批准。对于地方按照国家有关规定采取资本金注入方式安排中央预算内投资的项目，由地方人民政府发展改革部门或其他有关部门根据本地区规定权限负责审批。申请以资本金注入方式安排中央预算内投资的单位，应当按照规定的审批权限，报国家发展改革委、县级以上地方人民政府发展改革部门或其他有关部门审批。

《办法》规定中央预算内投资资本金注入项目（以下简称资本金注入项目）原则上审批项目建议书、可行性研究报告和初步设计，并核定投资概算。国家对简化投资项目审批另有规定的，从其规定。

《办法》明确资本金注入项目的项目建议书、可行性研究报告可以委托具备相应能力的工程咨询单位编制。初步设计应当按照国家有关规定委托具备相应能力的工程设计单位编制。项目建议书内容和深度应当达到规定要求，并阐述申请以资本金注入方式使用中央预算内投资的理由和依据，提出政府出资人代表和项目法人的初步建议。拟新组建项目法人的，应当提出项目法人的初步组建方案。项目单位应当依据项目建议书批复文件或国家有关规定，组织编制资本金注入项目的可行性研究报告。可行性研究报告内容和深度应当达到规定要求。

3.2 绿色宜居村镇建设项目多目标决策要素

3.2.1 建设项目

在对绿色宜居村镇建设项目多目标决策系统进行分析时，首先要了解绿色宜居村镇建设具体都包括哪些项目。通过第2章绿色宜居村镇发展历程的介绍，可将绿色宜居村镇的建设大体分为4个时期：1989—2005年，大力建设村镇基础设施和相关配套设施阶段；2006—2010年，推进村镇环境整治，完善配套设施建设阶段；2011—2017年，鼓励产业发展，助推乡村振兴阶段；2018年至今，村镇绿色生态发展阶段。各阶段的具体建设内容见表3-1。

绿色宜居村镇各阶段建设项目表　　　　表3-1

年份	建设时期	建设项目
1989—2005	大力建设村镇基础设施	通村公路、供水排水设施、学校设施、住房、能源、水利、通信等建设项目

续表

年份	建设时期	建设项目
2006—2010	推进村镇环境整治、完善配套设施建设	增加农村沼气建设、加快新能源开发利用（太阳能）、扩大医疗试点、农村商务信息服务工程、污水处理设施、路面照明设施等
2011—2017	鼓励产业项目发展、助推乡村振兴	畜禽规模化养殖项目、电网、宽带、物流、特色小镇建设、危房改造项目、特色民宿项目、田园综合体项目等
2018至今	村镇绿色生态发展	现代农业产业园、农业绿色发展、城乡融合发展、城乡厕所无害化改造、乡村绿道建设、污水处理工程、生态修复工程等

由表3-1可见绿色宜居村镇建设项目覆盖面比较广，主要包括基础设施（道路、水利、电力等）、公共配套设施（教育、医疗、文化、电子智能设施、信息平台建设等）、特色小镇、产业项目（农业、工业、文旅等）、环境治理工程（污水再处理、节水洁厕等）、易地安置工程（生态搬迁、扶贫搬迁、救灾搬迁、建设搬迁等）、田园综合体、危房改造以及村民自建房项目。

按照出资主体的不同，绿色宜居村镇建设项目可以分为政府投资、村集体组织投资、村民自建项目。政府投资项目大多是一些基础设施、公共配套设施、环境治理工程等基础性、公益性项目，包括两类：①政府作为业主全额投资的项目；②政府与其他主体合作，注入部分资本金的项目。村集体组织投资项目主要是指部分经济相对发达的村集体组织利用自有资金建设所需项目，以及村里路灯安装、入户道路、社区改造等小型建设项目；村民自建项目特指村民自建房。

3.2.2 投资主体

(1) 政府投资主体

《意见》要求进一步明确政府投资范围,科学界定并严格控制政府投资范围。在绿色宜居村镇建设中,政府投资资金同样只投向市场不能有效配置资源的社会公益服务、公共基础设施、农业农村、生态环境保护和修复、重大科技进步、社会管理、国家安全等公共领域的项目,以非经营性项目为主,原则上不支持经营性项目。政府投资资金按项目安排,以直接投资方式为主。对确需支持的经营性项目,主要采取资本金注入方式投入,也可适当采取投资补助、贷款贴息等方式进行引导。

《中共中央关于制定国民经济和社会发展第十四个五年规划和二〇三五年远景目标的建议》[4]中指出,把乡村建设摆在社会主义现代化建设的重要位置。强化县城综合服务能力,把乡镇建成服务农民的区域中心。完善乡村水、电、路、气、通信、广播电视、物流等基础设施,提升农房建设质量。因地制宜推进农村改厕、生活垃圾处理和污水治理,实施河湖水系综合整治,改善农村人居环境。提高农民科技文化素质,推动乡村人才振兴。

根据政府投资范围和"十四五"规划要求,未来5年村镇政府主要投资领域如下:

1) 推进县城、重点集镇的污水处理厂、清洁能源利用、易地安置、生活垃圾处理设施、运动公园、休闲广场、医院、学校、体育中心、生态公园、文化馆(站)、敬老院、养生养老康复中心、保障性租赁住房、图书馆、影剧院、会展中心等基础设施和公共服务设施建设,搭建城乡产业协同发展平台,建立城乡基础设施一体化发展机制,突出以工促农、以城带乡,积极促进城乡生产要素双向流动,推动城乡公共资源合理配置。

2) 推进田园综合体、特色小镇、产业园区、循环经济示范区、城乡融合发展先行区的基础设施建设及各方面的配套,提升园区服务功能。实施园区循环化改造，实现能源梯级利用、水资源循环利用、废物交换利用、土地节约集约利用，促进企业循环式生产、园区循环式发展、产业循环式组合，构建循环型工业体系。

3）加大创业培训中心、指导中心等创业平台的支持，建设公共实训基地、返乡创业园区、创业服务中心，为各类主体创业提供综合服务。

4）工业产业服务中心建设项目，包括工业产业服务中心、新产品研究、设计及检验检测中心、产业信息中心、产业孵化用房等，以及配套辅助工程建设。

5）补齐农村环境整治短板，因地制宜推进农村改厕、生活垃圾处理和污水治理，实施河湖水系综合整治，改善农村人居环境。

（2）企业投资主体

《意见》要求，平等对待各类投资主体，确立企业投资主体地位，放宽放活社会投资，激发民间投资潜力和创新活力。企业投资的主要领域是经营性项目，主要包括商贸、餐饮、文化、娱乐、金融、商品房、快递服务、物流仓储、电子商务、数据运营、服务业等。

根据企业投资范围和"十四五"规划要求，未来5年村镇企业主要投资领域如下：

1）加快推进设施农业、特色农业、有机农产品生产加工、旅游农业、生态农业、观光农业，形成规模化、集约化、标准化、品牌化的现代农业，使农村成为人们的菜篮子、粮袋子、果盘子、肉案子、奶罐子和后花园。

2）积极推进林下种植、养殖项目，例如发展黄精、板蓝根、天麻等中药材；发展林下羊肚菌、平菇等食用菌栽培；通过林下散养和圈养相结合的方式，生态化养殖鸡鸭等禽类。

3）积极推进养殖业及产品加工项目，引进优良品种资源，开展品种选育，完善良种繁育体系；新建养殖圈舍、饲料棚、晾晒场、办公生活区等，修建场内道路、排水沟等基础设施，购置打包机、给料车、饲料粉碎机等基础设备；以牛奶、羊奶、肉牛、生猪为原材料，新建肉、奶制品生产线，配套建设生产车间、包装车间、仓储库房、办公室及其他附属设施设备。

4）积极推进设施蔬菜种植加工项目，依托农业产业化联合体，重点发展设施农业，以建设大棚、中棚为重点，种植各类蔬菜。新建蔬菜加工基地，对新鲜蔬菜进行初级加工处理。

5）以创建县域商贸中心为引领，加快特色商贸街区、商业综合体、潮流街区和步行街建设，支持文化创意、健康养老、特色餐饮等现代服务业发展，重点发展现代商贸业。吸引国内外知名批发、零售和贸易企业开设直营连锁网点或大型购物中心。按照便民利民原则，进一步完善商贸网点规划布局，健全城乡商贸服务体系，完善城市综合服务功能，积极抓好各类有形商品市场建设，加快推进县级、乡镇、农村三级商业网络的建立，形成以大型购物中心为骨干，以超市、专卖店、便民店为特色的多元化、多层次销售网络。

（3）政府和社会资本合作投资主体

《意见》要求，充分发挥政府投资的引导作用和放大效应，完善政府和社会资本合作模式，通过特许经营、政府购买服务等方式，在交通、环保、医疗、养老等领域采取单个项目、组合项目、连片开发等多种形式，扩大公共产品和服务供给。2017年5月31日，财政部、农业部《关于深入推进农业领域政府和社会资本合作的实施意见》（财金〔2017〕50号）[66]明确指出，深化农业供给侧结构性改革，引导社会资本积极参与农业领域政府和社会资本合作（PPP）项目投资、建设、运营，改善农业农村公共服务供给，加大对农业农村公共服务领域推广运用PPP模式的政策扶持力度。重点引导和鼓励社会资本参与以下领域农业公共产品和服务供给：

1）农业绿色发展。支持畜禽粪污资源化利用、农作物秸秆综合利用、废旧农膜回收、病死畜禽无害化处理，支持规模化大型沼气工程。

2）高标准农田建设。支持集中连片、旱涝保收、稳产高产、生态友好的高标准农田建设，支持开展土地平整、土壤改良与培肥、灌溉与排水、田间道路、农田防护与生态环境保持、农田输配电等工程建设，支持耕地治理修复。

3）现代农业产业园。支持以规模化种养基地为基础，通过"生产+加工+科技"，聚集现代生产要素、创新体制机制的现代农业产业园。

4）田园综合体。支持有条件的乡村建设以农民合作社为主要载体、让农民充分参与和受益，集循环农业、创意农业、农事体验于一体的田园综合体。

5）农产品物流与交易平台。支持农产品交易中心（市场）、生产资料交易平台、仓储基地建设，支持区域农产品公用品牌创建。

6）"互联网+"现代农业。支持信息进村入户工程、智慧农业工程、农村电子商务平台、智能物流设施等建设运营。

根据上述政策要求，未来我国村镇可在以下类别的项目中采用政府和社会资本合作（PPP）项目投资。

1）农业科技研发及数据中心建设项目。吸引一批农业科技研发、仓储物流、数据运营公司入驻中心，在加强供水、供电、供暖、排水等基础设施配套建设的同时，主要建设园区科技研发及数据中心大楼。

2）高标准农田建设项目。通过新打井、修复井、衬砌渠道、变压器、暗管埋设、新修水泥路、新修砂石路、良种及有机肥供应、栽植植物等，提升农田建设标准。

3）智慧农业试点项目。打造从田间到餐桌的闭环商业模式，从种植养殖、加工生产、仓储物流、市场营销环节打造自循环的现代农业全产业链和高端农产品，建设智慧农业云平台，打造农业环境监测+联动控制+虫情监测+智慧农田+智慧大棚+智慧灌溉+专家库系统，实现农业智能化管理。

4）数字经济示范园建设项目。建设商务办公中心、产业综合服务中心、产品展示中心、智能云仓和智慧物流中心、商业综合体、电商学院、电商人才公寓等园区内配套设施，以互联网、物联网、区块链、大数据等数字技术为切入点，以农产品电商为基础，培育电商全产业链生态系统，打造共享经济、平台经济等新业态，打造具有区域竞争力的数字产业集群。

3.2.3 决策主体

（1）政府投资项目的决策主体

如前文所述，绿色宜居村镇建设项目主要包括基础设施项目（道路、给水排水、电力、天然气、供暖、通信）、公共配套设施项目（教育、医疗、文化、体育、商贸、物流等）、环境整治项目（节水洁厕、污水处理、雨污分流、清洁取暖、地下综合管沟）、绿色产业项目（特色农业、设施果蔬、食品加工、文旅康养等项目）、田园综合体项目（休闲农业、全域旅游项目）、特色小镇项目、易地安置项目和村民住房示范推广项目共8大类。按照我国现行投融资体制对投资项目审批管理规定，这8类项目大都属于政府投资的范围，可以直接投资，也可采取资本金注入方式鼓励社会资本参与建设，还可以采取政府和社会合作投资。按照谁投资谁决策的原则，政府投资的决策主体是政府部门。根据《条例》规定，目前绝大部分建设项目审批权限只停留在县级及以上政府。县级及以上政府有权根据项目的环境影响评估、节能评估、风险评估结果，实施一票否决权。同时决策主体涵盖财政、发改、自然资源、住建、文旅、环保等多个相关部门，是名副其实的多目标决策主体。

2019年修改的新《土地管理法》将宅基地的审批权下放到了乡镇一级政府[67]，乡镇级政府主要是进行农宅、危房改造类项目资格审查、部分集体土地范围内生产生活设施的资质许可，以及镇级政府投资项目审批决策。

（2）村集体投资项目的决策主体

2019年通过的《村民委员会组织法》提出村民委员会的建立是为了充分

体现村民意愿，实行村民自主决策[68]。村集体组织主要对村集体共同出资的小型建设项目（如入户道路、新型社区提升改造工程、路灯安装等）采用"四议两公开"制度进行决策。

（3）企业投资项目的决策主体

按照谁投资谁决策的原则，企业投资的决策主体是企业，由企业依法依规自主决策投资行为。但是，政府通过审查制、核准制、备案制或承诺制对企业投资项目行使管理权。《意见》明确，对极少数关系国家安全和生态安全、涉及全国重大生产力布局、战略性资源开发和重大公共利益等项目，政府从维护社会公共利益角度确需依法进行审查；一般企业投资项目实行核准制，政府及时修订并公布核准的投资项目目录，相关事项以清单方式列明，最大限度缩减核准事项；国家实行企业投资项目管理负面清单制度，除目录范围内的项目外，一律实行备案制，由企业按照有关规定向备案机关备案；在一定领域、区域内先行试点企业投资项目承诺制，探索创新以政策性条件引导、企业信用承诺、监管有效约束为核心的管理模式。

《意见》明确要求，各类企业要严格遵守城乡规划、土地管理、环境保护、安全生产等方面的法律法规，认真执行相关政策和标准规定，依法落实项目法人责任制、招标投标制、工程监理制和合同管理制，切实加强信用体系建设，自觉规范投资行为。

虽然政府对企业投资管理重点放在事前政策引导和为企业投资活动做好服务上，但事中事后监管约束也更加规范。因此，企业决策主体对项目的多目标决策分析也必须是刚性的。

（4）政府和社会资本合作投资项目的决策主体

政府和社会资本合作投资项目按照风险分担、利益共享的原则，充分识别、合理分配PPP项目风险进行运作，因此政府和社会资本合作投资项目的决策主体是政府部门。《关于深入推进农业领域政府和社会资本合作的实施意见》要求各级财政部门、农业部门要加强合作，依托全国PPP综合信息平台推进农业PPP项目库建设，明确入库标准，优先选择有经营性现金流、适宜市场化运作的农业公共设施及公共服务项目，做好项目储备，明确年度及中长期项目开发计划，严格筛选项目，确保农业PPP有序推进。各地财政部门、农业部门要构建农业PPP项目的绩效考核监管体系和监督问责机制，跟踪掌握项目实施和资金使用情况，推动形成项目监管与资金安排相衔接的激励制约机制。

为提高审批效率，政府决策主体应按照《意见》关于建设项目并联办理、联合评审的要求，探索建立多评合一、统一评审的新模式。

总而言之，不同类型绿色宜居村镇建设项目，不同投资主体的项目，决策主体不同。根据政府、企业在建设项目决策中承担的职责，投资决策主体大致可以划分为三类，具体分类见图3-1。

1）县级及以上政府部门决策主体。政府投资项目，纳入基本审批流程

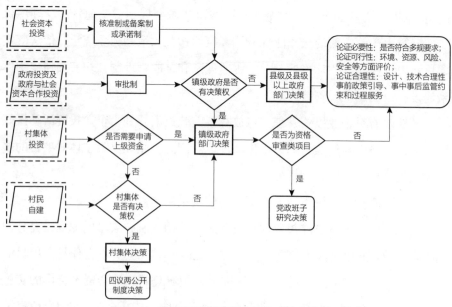

图3-1　绿色宜居村镇建设项目决策主体分类

的投资规模较大的企业投资项目，政府采用核准制、备案制、承诺制进行事前政策引导的企业投资项目，政府和社会资本合作投资项目，由县级及以上政府部门决策。

2）镇政府决策主体。由镇级政府出资的投资额度相对较小的项目、集体土地上的各种设施、节水洁厕、宅基地审批等建设项目由镇级政府决策。

3）村集体决策主体。村民自建、使用村集体自筹资金的小型建设项目由村集体组织决策。

由于大多数的绿色宜居村镇建设项目都是由县级及以上政府部门决策，部分规模较大的镇级政府（特大镇）被赋予县级及以上政府同样审批权，但大多数镇级政府在县级及以上政府与村集体组织间起到承上启下的作用，对镇域内的重大建设项目拥有参与权与建议权。因此本书主要涉及政府部门决策与村集体组织决策。政府部门决策包括县级及以上政府部门决策、部分镇级政府部门决策两种情况。

3.2.4 决策环境

对于一个系统来说既有内部环境也有外部环境，绿色宜居村镇建设项目是"乡村振兴"背景下以绿色宜居为总目标的，政策性强，项目类型多，所处的决策环境既包括国家层面的投融资环境、政策环境，也包含项目所在区域的社会环境，以及项目内部的经济环境或经济目标，四者共同构成的决策环境对绿色宜居村镇建设项目多目标决策起制约作用。

（1）投融资环境

我国正在深入推进简政放权、放管结合、优化服务改革，建立完善企业自主决策、融资渠道畅通、职能转变到位、政府行为规范，宏观调控有效、法治保障健全的新型投融资体制。《意见》要求在建立新型投融资体制中体现企业为主，政府引导：①科学界定并严格控制政府投资范围，平等对待各类投资主体，确立企业投资主体地位，放宽放活社会投资，激发民间投资潜力和创新活力，充分发挥政府投资的引导作用和放大效应，完善政府和社会资本合作模式。②在一定领域、区域内先行试点企业投资项目承诺制，探索创新以政策性条件引导、企业信用承诺、监管有效约束为核心的管理模式。③建立投资项目"三个清单"管理制度，即实行企业投资项目管理负面清单制度，除目录范围内的项目外，一律实行备案制；建立企业投资项目管理权力清单制度，将各级政府部门行使的企业投资项目管理职权以清单形式明确下来；建立企业投资项目管理责任清单制度，厘清各级政府部门企业投资项目管理职权所对应的责任事项，明确责任主体，健全问责机制。

（2）政策环境

对于绿色宜居村镇建设项目而言，政策环境是指国家相关政策中对于绿色宜居村镇建设项目的规定。政策环境即外部约束，有利于保证建设项目的绿色宜居性。例如，我国对于政府投资项目建立了全过程的管理监督机制：①依据国民经济和社会发展规划及国家宏观调控总体要求，编制三年滚动政府投资计划，明确计划期内的重大项目，并与中期财政规划相衔接，统筹安排、规范使用各类政府投资资金。②依据三年滚动政府投资计划及国家宏观调控政策，编制政府投资年度计划，合理安排政府投资。③建立覆盖各地区各部门的政府投资项目库，未入库项目原则上不予安排政府投资。④加强政府投资项目建设管理，严格投资概算、建设标准、建设工期等要求，严格按照项目建设进度下达投资计划，确保政府投资及时发挥效益。⑤进一步完善政府投资项目代理建设制度，在社会事业、基础设施等领域，推广应用建筑信息模型技术，鼓励有条件的政府投资项目通过市场化方式进行运营管理。⑥完善政府投资监管机制，加强投资项目审计监督，强化重大项目稽查制度，完善竣工验收制度，建立后评价制度，健全政府投资责任追究制度。

（3）社会环境

针对项目所在地来说，绿色宜居村镇建设项目要充分考虑当地的生态环境和社会需求，在建设过程中不能对当地环境造成严重破坏，设计施工要适应当地的文化风俗习惯，建设项目不能引发社会稳定重大风险，要充分协调不同利益群体的需求，体现了"以人为本、因地制宜"的思想，社会环境的约束能够更好地促进绿色宜居村镇建设项目与所处地域互相融合。例如需要进行环境评估的企业投资项目，必须按照本地区的能耗、水耗、用地、碳排放、污染物排放、安全生产等技术标准进行前置审核，对于以不正当手段取得核准或备案手续以及未按照核准内容进行建设的项目，核准、备案机关应当根据情节轻重依法给予警告、责令停止建设、责令停产等处罚；对于未依法办理其他相关手续擅自开工建设，以及建设过程中违反城乡规划、土地管理、环境保护、安全生产等方面的法律法规的项目，相关部门应依法予以处罚。相关责任人员涉嫌犯罪的，依法移送司法机关处理。

（4）经济环境

经济环境是项目自身内部环境，主要从各类财务经济指标考察项目。对于经营性项目来说，以盈利为目的，以较少的成本获得最大的收益，投资回收期、投资回报率等盈利性指标就是重点考察指标。对于非经营性项目而言，主要考虑其社会效益，考虑该建设项目对当地经济带动作用，项目可行性以及对当地经济带动作用共同构成其经济约束环境。

3.2.5 决策目标

（1）目标要素识别

决策目标即绿色宜居村镇建设项目多目标决策系统的决策准则，通过3.2.4的分析，投融资环境、政策环境、社会环境和经济环境共同构成了绿色宜居村镇建设项目的决策环境。建设项目在相关政策背景下，服务本地区社会发展。与此同时，经营性项目要实现盈利目标，非经营性项目要具有一定的财务生存能力。由此可见社会、经济是绿色宜居村镇建设项目的决策目标。

政府部门进行决策时要对项目进行环境影响评估、节能审查、安全生产评估和社会风险评估。因此环境、资源、安全、风险也是绿色宜居村镇建设项目的决策目标。

数字乡村是乡村振兴的战略方向，推动村镇信息建设有助于加快就地、就近城镇化进程。2016年，农业部编制了信息"十三五"规划，大力推进农村的信息建设。2019年，首次提出建设数字乡村，倡导在农村设施建设中使用信息技术手段，发展农村网络[69]，足以体现信息建设对于村镇发展的重要性，信息化是绿色宜居村镇建设项目的发展趋势。

绿色宜居村镇建设项目要始终遵从绿色宜居原则，故建设项目是否能完善所在村镇设施配置，项目是否会配置先进设备进而改善当地设施使用环境等都是进行项目决策时需要考虑的因素，设施不仅是乡村振兴战略的重要内容，而且是绿色宜居村镇建设项目的决策目标。

综上，科学的项目多目标决策模式有利于推动环境宜居、资源友好、经济发展、设施完备、社会稳定的绿色宜居村镇建设，环境、资源、经济、社会、设施、信息、安全、风险共同构成了绿色宜居村镇建设项目的决策目标。

（2）多目标内涵

本书聚焦于建设项目县政府、镇政府和村集体决策主体的决策模式，以环境、资源、经济、社会、设施、信息、风险作为决策目标，通过事前、事中、事后监控保证建设项目的绿色宜居性。

1）环境目标用来考量建设项目的环境友好性。政府投资项目必须满足相应的环境评估标准，在带来社会效益的同时不对当地生态环境造成太大影响，从建设项目对周围声环境、大气环境、土壤环境、水环境及植被等的影响以及项目自身是否有环境保护措施多角度考量，实现对当地的环境保护。

2）资源目标用来考量响应"资源节约型社会"战略的程度。政府投资项目必须进行固定资产节能评估，可以从建设项目对土地资源的利用程度、建设项目能耗占当地能源消费比例两方面进行审查，在带来社会效益的同时不能对当地能源消费形成负担。

3）经济目标用来考量项目带动当地经济发展的能力。政府投资项目必须对带动社会资本促进当地经济发展起引领作用。对于经营性项目以盈利为目的，项目收入越大，对当地税收贡献越大。对于非经营性项目来说，经济目标主要考察其在财务经济方面是否可行，$NPV \geq 0$，$IRR \geq i_c$ 即为可行。

4）社会目标用来考量项目的社会适应性与社会效益贡献程度。政府投资项目必须对社会和谐、稳定、公平、正义的社会目标作出积极贡献，更好地实现绿色宜居总目标。社会适应性包括建设项目对当地文化风俗的适应程度以及与不同利益群体间的适应程度。对社会效益的贡献表现为建设项目对当地就业、社会公平、社会保障、健康和良好社会风尚的带动作用。

5）设施目标用来考量项目对完善村镇基础设施和公共服务设施的贡献。基础设施是村镇生存和发展的必备工程性基础设施和社会性基础设施的总称。公共服务设施主要指为社会公众参与社会经济、政治、文化活动等提供保障服务的设施。这两个设施建设是村镇发展的坚实基础。伴随着村镇建设持续发展，基础设施和公共服务设施建设已经取得了显著成效。但由于非排他性的经济属性，基础设施和公共服务设施一直是政府投资项目的主要领域，在建设过程中应当率先使用先进节能设备、信息设备，配置必要绿化设施，凸显绿色低碳生态理念。

6）信息目标用来考量项目响应新型基础设施建设的程度。新型基础设施建设是智慧经济时代贯彻新发展理念，吸收新技术发展成果，实现国家生态化、数字化、智能化、高速化、新旧动能转换，建立现代化经济体系的国家基本建设与基础设施建设，主要包括5G基站建设、特高压、城际高速铁路和城市轨道交通、新能源汽车充电桩、大数据中心、人工智能、工业互联网七大领域，涉及诸多产业链，是以新发展为理念，以技术创新为驱动，以信息网络为基础，面向高质量发展需要，提供数字转型、智能升级、融合创新等服务的基础设施体系。目前村镇建设项目信息手段的使用比例较少，必须通过政府投资拉动村镇建设项目采用信息手段，包括BIM建模、数字化施工监管平台等，同时大力推进村镇新型基础设施建设，努力实现"数字乡村"的目标。

7）风险目标决策主要通过环境风险评价、安全生产风险评价、社会稳定风险评估来判断建设项目是否会导致重大社会稳定风险以及建设项目是否有风险防控措施，对建设项目由于不确定性造成目标与结果不对应程度的综合评估。安全目标是用来考量项目是否存在安全隐患的决策目标。我国当前的国家安全观包括政治安全、国土安全、军事安全、经济安全、文化安全、社会安全、科技安全、信息安全、生态安全、资源安全、核安全11种安全观。绿色宜居村镇政府投资项目的安全目标主要涉及国土安全、生态安全、经济安全、文化安全、社会安全和资源安全6种，是政府投资项目必不可少的一个目标，该目标的设立既能保证建设项目不会对周边群众生命安全、财产、生活造成影响，同时也能保证项目建设过程中的安全生产。政府投资项目在实现其投资目标过程中，会遇到各种不确定性事件，这些事件发生的概率及其影响程度是无法事先预知的，这些事件将对投资效果产生影响，从而影响投资目标实现的程度。风险目标决策是对绿色宜居村镇建设政府投资项目目标与实际结果之间的差异程度及风险预案准备充分程度的预估。

环境、资源、经济、社会、设施、信息、风险共同构成绿色宜居村镇建设政府投资项目的决策目标，既相互促进，又相互制约，经济、设施、信息目标会促进社会目标的实现，环境、资源目标会约束经济目标。其中环境、资源、风险目标具有一定的特殊性，对于需要进行环境影响、节能审查、社会风险评估的这类项目，环境、资源、风险目标具有"一票否决"权，直接影响了决策结果，统称为约束性目标；经济、社会、设施、信息统称为成果性目标，以效益衡量。不同地域间对多目标的认知强度也存在一定差异，主要体现在环境目标，如《环境空气质量标准》GB 3095—2012中将地区根据空气质量要求划分为一类区和二类区，分别执行一级、二级标准，其中一级标准主要针对自然保护区、生态保护区及其他需要重点防治的环境敏感类区域[70]，因此一级标准对于环境目标要求更为严苛，更适用于环境"一票否决"。多个决策主体、多个决策目标共同组成了绿色宜居村镇建设项目多目标决策框架（图3-2）。

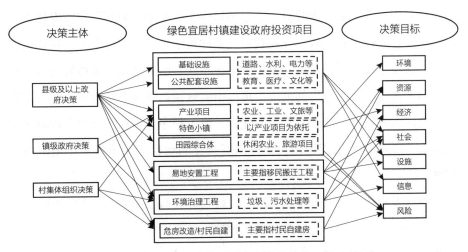

图 3-2 绿色宜居村镇建设政府投资项目多目标决策框架
（注：图中只列出每类项目的主要目标）

3.2.6 决策程序

（1）项目报批程序

审批、核准、备案、承诺是项目决策程序的四种主要形式。审批制主要适用于政府投资项目，在项目立项审批前期主要针对项目建议书、可行性报告和初步设计进行审查，涉及财政、发改、自然资源、住建等多个政府部门，由多个部门共同决策。核准制主要适用于社会资本投资、列入《政府核准的投资项目目录（2016年本）》（以下简称《目录》）[71]的项目（主要以水利水电、能源、大型交通运输项目为主），由多个政府部门从环境、资源、经济、社会等方面对申请项目进行审查。备案制主要适用于《目录》外的社会资本投资项目，由企业在平台上进行相关信息填报，之后办理环境保护、土地使用、安全生产等手续，政府相关部门进行审核。

（2）决策程序划分

我国深化投资体制改革的目标是：改革政府对企业投资的管理制度，按照"谁投资、谁决策、谁收益、谁承担风险"的原则，合理界定政府投资职能，落实企业投资自主权，提高投资决策的科学化、民主化水平。投资主体不同，决策主体不同，对应的决策程序也不同。前文已述，绿色宜居村镇建设项目大都属于政府投资的范围，可以由财政预算资金直接投资，也可采取资本金注入方式鼓励社会资本参与建设，决策程序分为县级及以上政府决策程序和镇级政府决策程序。村集体出资兴建的项目适用于村集体组织决策程序。

县级及以上政府决策是绝大多数绿色宜居村镇建设项目必经的决策流程。2018年，国务院办公厅出台相关政策，将建设项目审批程序统一划分为规划、建设、施工、竣工验收四个阶段[72]（具体审批程序见图3-3）。本研究主要研究绿色宜居村镇建设项目立项审批前期的决策，即项目规划阶段，该阶段政府部门针对环境影响评价、项目节能审查、安全生产评估、重大风险评估、项目可行性报告等具体内容进行决策。审查未通过的项目不予立项。审查通过的项目，政府部门在建设资金有限的情况下，进行项目综合评价、优先排序。通过决策流程避免决策错误导致的资源浪费，促进所在村镇更快更好地实现绿色宜居目标。

使用镇级政府专项资金建设的项目由镇政府研究决定，在县级及以上政府部门的委托下对建设项目的申请报告从合理性、可行性等方面审查（图3-4）。镇级政府对其他村镇项目的决策权有限，目前宅基地审批、节水洁厕、危房改造等审查类项目经镇政府决策，决策程序由符合资格的群众提出申请，镇级政府民政、自然资源等部门进行资格审查，对通过审查的名单公示。

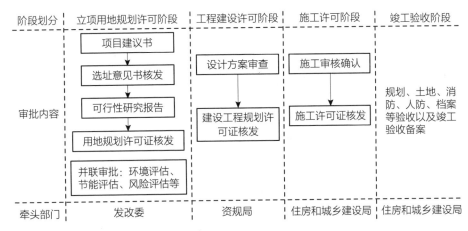

图3-3 法定审批程序划分

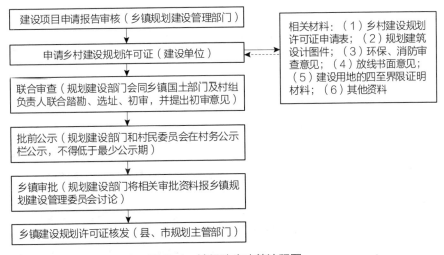

图3-4 镇级政府决策流程图

村集体组织民主决策程序目前主要采用"四议两公开"制度（图3-5）。村集体组织决策只适用于资金自筹的小型建设项目，如入户道路、路灯安装、新型社区提升改造等，其决策流程简单，不涉及环评、能评、风评，仅从经济、社会、环境三方面考虑。

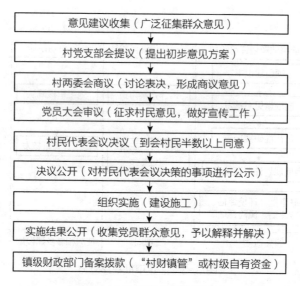

图 3-5　村集体组织决策流程图

3.3 绿色宜居村镇建设项目多目标决策分类及阶段划分

3.3.1 多目标决策分类

绿色宜居村镇建设项目多目标决策的分类建立在决策主体分类的基础上。前文将绿色宜居村镇决策主体主要划分为县级及县级以上政府部门、镇级政府部门和村集体组织。

（1）县级及以上政府部门建设项目多目标决策

根据《条例》规定，目前绝大部分建设项目审批权限只停留在县级及以上政府。县级及以上政府有权对相关项目进行环境影响评估、节能审查评估、社会风险评估，并实施环评、能评、风评一票否决权，通过审查的项目还要从经济、社会、设施、信息等多方面进行评判，属于典型的多目标决策。

（2）镇级政府建设项目多目标决策

镇级政府投资项目由镇级政府审批决策，协助县级及县级以上政府部门从必要性、可行性、合理性多个方面对建设项目进行考量。镇级政府审批决策分为两类：一类是涉及环境、资源、经济、社会、设施、信息、安全、风险多个决策目标的建设项目，这类决策与县级及以上政府决策一样，同属于政府部门项目多目标决策。另一类是涉及村里的宅基地审批、节水洁厕工程、危房改造工程等项目进行资格审查，这类决策只需要审查申报人是否符合资格，政府部门做好公示和备案，不涉及其他决策目标，故本书不再单独进行分析。

（3）村集体组织建设项目多目标决策

村集体组织针对小型建设项目进行决策，决策流程简单，涉及经济、社会、环境等较少的决策目标，这类决策归纳为村集体组织决策。

本书主要针对县级及以上政府部门决策、镇级政府决策和村集体组织决策深入研究。镇级政府协助县级政府决策，同时制约村集体组织决策（表3-2）。

绿色宜居村镇建设项目多目标决策分类表　　表3-2

决策主体	项目类型	涉及主体	决策特征
县级及以上政府部门决策	基础设施、公共服务设施、环境治理工程、易地安置工程、特色小镇建设、产业项目、田园综合体建设	县级政府、社会资本、政府+社会资本	多主体、多目标
镇级政府决策	公共设施、临时建设、宅基地审批、危房改造、节水洁厕等	镇级政府、村集体、县级政府	协助县级政府，制约村集体

续表

决策主体	项目类型	涉及主体	决策特征
村集体组织决策	基础设施（入户道路）、公共服务设施（路灯安装）、环境治理工程、社区改造项目	村民、村集体组织、镇级政府	决策流程简单、涉及决策目标少

3.3.2 政府部门决策阶段划分

绿色宜居村镇建设项目大多属于政府投资及决策的范围，可以由财政预算资金直接投资，也可采取资本金注入方式鼓励社会资本参与建设，因此政府部门决策是其主要的决策模式，也是本书重点。政府部门决策需要综合考虑环境、资源、经济、社会、设施、信息、风险多个目标。

环境、资源、风险三个目标具有一定的特殊性，对于部分需要进行环境评估、节能审查、风险评估等的建设项目，环境、资源、风险评估具有"一票否决权"，在决策过程中可作为前置决策目标。若项目通过环境、资源、风险相关评估，再将经济、社会、设施、信息四个目标作为紧后决策目标。最后再综合考量环境、资源、经济、社会、设施、信息、风险多个目标。

对于不需要进行环评、能评、风评的建设项目，虽然环境、资源、风险不再实行"一票否决"，但要将这三个目标作为约束性目标，将经济、社会、设施、信息作为成果性目标，通过决策使得建设项目的约束性目标与成果性目标相互协调，优选在一定约束下能够带来更多效益的建设项目，促进绿色宜居总目标实现。

政府部门决策又可划分为县级及以上政府部门决策与镇级政府部门决策，其中项目环境、资源、风险的"一票否决权"大多只停留在县级及以上政府部门，因此县级及以上政府部门采用三阶段决策。镇级政府部门受资金来源限制，建设项目的决策权较小，只有经济实力雄厚且投资规模相对较小的项目才由镇政府决策，一般决策部门协助县级政府部门考量建设项目的必要性、可行性与合理性，可采用三阶段决策中的第二、第三阶段决策。

（1）第一阶段决策主要针对需要进行环境、节能、风险评估的建设项目。三项评估任何一项不符合规定标准，该建设项目直接被淘汰。若三项评估都符合相关规定标准则直接进入第二阶段决策。第一阶段决策主要由县级及以上政府部门负责进行。

（2）第二阶段决策是针对通过前置决策目标的项目进行经济、社会、设施、信息目标决策。对一般的项目而言，主要是通过环境、社会指标货币量化对建设项目进行费用效益分析，评价项目的国民经济可行性。若满足费用效益评价指标要求，则可进入第三阶段决策。第二阶段决策按照项目规模大小划分决策主体，规模较大的由县级及以上政府部门决策，规模、资金相对较小的项目或涉及镇级政府资金的由镇级政府部门决策。

（3）第三阶段决策是针对通过紧后决策目标的项目进行的定性定量指标综合分析。主要通过计算每个项目与绿色宜居村镇理想建设项目的贴近度，在资金、能源有限的条件下进行项目进一步优化选择，促进多目标协调发展，使得项目决策更加科学。第三阶段同样按照项目规模大小划分决策主体，规模较大的由县级及县级以上政府部门决策，规模、资金相对较小的项目或涉及镇级政府资金的由镇级政府部门决策。

3.3.3 村集体组织决策

村集体组织决策特指使用村集体自筹资金，由村集体民主决策的建设项目。对于我国的大多数农村而言，这类建设项目投资金额少，工程规模小，主要以公益性配套设施为主。对于部分经济相对发达的农村而言，其经济发展程度甚至超过某些镇的发展，这类农村的村集体自有资金相对较多，可以进行更大规模建设项目的决策，但在村集体组织决策的基础上还需要报镇级政府甚至更高级政府审批决策。村集体组织决策实行"四议两公开"制度，决策流程简单，涉及目标少，该类建设项目结构又比较简单，故村集体组织在进行建设项目决策时，从经济、社会、环境三方面决策，也相当于三阶段中的第二阶段决策，旨在通过项目建设带来更大的社会效益。

3.4 多目标决策基本流程

绿色宜居村镇建设项目在进行多目标决策时，首先要进行项目征集；其次对征集上来的项目分类；第三根据投资主体、投资额度等特征确定其决策主体；第四进行项目论述，根据决策主体选择合适的多目标决策类型，由决策主体从必要性、可行性、合理性等多个方面对建设项目的项目建议书、可行性报告、初步设计或项目申请报告审查；最终进行项目筛选，促进多个决策目标协调发展。项目征集、项目分类、主体决策、项目论述、项目筛选是绿色宜居村镇建设项目多目标决策的五大步骤，同时也形成了多目标决策基本流程，见图3-6。

绿色宜居村镇建设项目的决策流程大体上可以分为项目征集、项目决策两大阶段。项目征集是项目决策的基础，该阶段主要由各级部门根据当地群众意见反映进行项目申报，收集上来的项目统一纳入项目征集库中，目前项目征集还是由各级政府部门进行内部申报，部分地区开始面向社会广泛征集民生实事项目，按照"一事一提"形式，群众可通过邮箱、微信留言、网站填写等方式参与项目建议，大大拓宽了项目征集渠道。项目征集完成后由相关决策主体从必要性、可行性、经济性、合理性四方面，结合多个决策目标对项目进行决策，不符合相关标准的直接淘汰，符合相关规定标准的进行项目优选。在资金、能源有限的情况下，促进多个目标协调发展，实现绿色宜居村镇建设项目科学决策，其中宅基地审批、危房改造、节水洁厕等项目仅由相关部门按照相关规定进行资格审查。

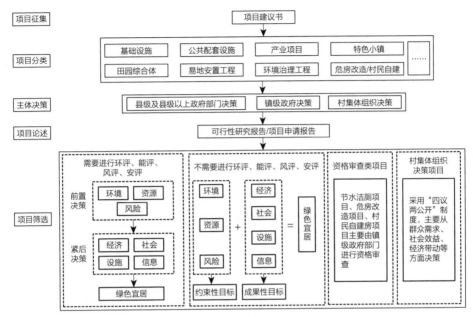

图 3-6　绿色宜居村镇建设项目多目标决策基本流程

3.5　本章小结

本章主要通过界定绿色宜居村镇建设项目的类型，分析了相关的决策主体，基于利益相关者理论识别出多个决策目标，厘清多个系统要素之间的关系，构建出绿色宜居村镇建设项目多目标决策框架；其次对多目标决策进行分类，按照政府部门决策和村集体组织决策进行分类；最后在决策系统和决策模式的基础上提出了绿色宜居村镇建设项目多目标决策基本流程。

4

绿色宜居村镇建设项目多目标决策指标体系建立

政府部门决策与村集体组织决策所对应的决策指标不尽相同。本章以相关文献、政策文本、调研报告、案例分析为原始资料，按照"指标初步选取—指标体系优化—指标体系确定"的顺序，首先采用扎根理论通过三级编码初步选取决策指标，其次通过饱和度检验与因子分析进行指标调整优化，最终分别确定政府部门多目标决策指标体系与村集体组织多目标决策指标体系。

4.1 指标选取原则

绿色宜居村镇建设项目多目标决策指标体系设计主要依据国家的相关政策规定，结合项目本身的特征、所在村镇发展程度、项目对当地的带动作用综合考虑。在进行指标选取时主要遵循以下原则：

（1）系统性原则

《意见》要求对建设项目按照并联办理、联合评审的要求，探索建立多评合一、统一评审的新模式。在构建绿色宜居村镇建设项目多目标决策指标体系时，除了要满足相关政策规定，还要从项目本身以及建设项目对于所在村镇的经济带动、社会影响等方面综合考量，指标的选取要覆盖环境、资源、经济、社会、设施、信息、风险等各个方面，力求能够系统全面地对绿色宜居村镇建设项目进行综合评估，有利于相关主体统筹做出科学的决策。

（2）差异性原则

政府部门在进行不同类型绿色宜居村镇建设项目决策时，既有相同决策目标，也有不同的决策目标。相同的决策目标是环境、资源、风险，属于项目前置决策目标。不同的决策目标是经济、社会、设施、信息四个作为紧后决策目标。紧后决策目标可能会因项目不同而有所区别。例如，经营性项目主要以盈利为目的，决策时会追求投资回报率，而非经营性项目则更追求项目的性能指标和社会效益。因此在构建绿色宜居村镇建设项目多目标决策指标体系时，既要考虑共性指标，又要考虑个性指标。

（3）可比性原则

建设项目决策、优选的基础是项目的可比性，多个绿色宜居村镇建设项目的指标要具有时间、计算口径、量纲、定额标准等可比性，这样基于决策指标值计算的结果才能够进行比较，进而做出较为科学的决策。指标综合评价时不同指标的单位不尽相同，不能直接进行比较，因此需要对不同的指标数值进行无量纲处理，只有所有的指标处于相同的量纲等级或者都是无量纲，才能将不同项目的不同属性通过决策指标进行综合比较。指标可比是绿色宜居村镇建设项目多目标决策的前提条件。

（4）定量化原则

在绿色宜居村镇建设项目多目标决策指标体系构建过程中，国家明确规定限值的指标大多是定量指标。例如建设项目的噪声标准、二氧化碳、二氧化硫排放要求、能源消耗比例等都有明确的规定。此外还有市场需求度、社会适应性等一些只能定性描述的指标。定量指标通过具体数据反映，简洁明了，容易处理，因此应尽量选用定量指标。为了统筹协调不同维度的指标，对于必要的定性指标应尽可能进行货币量化处理，进而使不同方案的分析结果同量纲、同数量级，有助于进行项目科学决策。

（5）可操作原则

绿色宜居村镇建设项目多目标决策的研究意义在于为多个主体进行不同建设项目决策提供方法支持，因此指标的可获得性与方法的可操作性就显得至关重要。绿色宜居村镇建设项目多目标决策指标体系是构建多目标决策模型的基础，故在进行指标选取时要充分考虑指标的可获取性与易操作性，包括所选指标是否易于量化，数据处理是否容易操作。

4.2 政府部门决策指标体系建立

4.2.1 指标体系初步构建

遵循系统性、差异性、可比性、定量化、可操作五大原则，参考国家对于政府投资建设项目前期立项审批的相关政策规定，本研究综合考虑所有类型绿色宜居村镇建设项目，对60篇文献、22条政策以及相关调研资料（包括调研报告和录音资料）、案例分析进行扎根理论分析。首先对资料语句中的原始语句进行开放式编码，凝练初始概念；其次在对初始概念归纳分析的基础上提出子范畴概念；再次对子范畴进行关系内涵分析，提炼出主范畴概念；接着总结主范畴概念共同影响点，归纳为核心范畴；最后初步构建绿色宜居村镇建设项目多目标决策指标体系。

（1）开放式编码

开放式编码是对收集到的原始资料整理、提炼、概念化的过程[73]。先把所有的原始资料全部打散、编码，然后赋予初始概念，将具有相同初始概念的原始语句归纳汇总，合并同类项，得出子范畴。通过对290条原始语句编码分析，从a11开始编码，a11表示参考第1份资料的第1条编码语句，以此类推，总共提炼出45个初始概念，归纳了20个子范畴，从b1开始编码，一直到b20，具体见表4-1（表中仅列出部分原始语句）。

（2）主轴编码

开放式编码归纳的子范畴概念涉及各个方面，如何识别多个子范畴之间的关系，通过一定的聚类将多个子范畴归纳总结为与研究内容相关的主范畴，是该阶段应该考虑的主要问题。将开放式编码提炼出的20个子范畴按照"是否造成影响—如何产生影响—影响绿色宜居村镇建设项目多目标决策哪方面"逻辑顺序，进行聚类分析，把影响建设项目多目标决策同一方面的子

开放式编码范畴　　　　　　　　　表4-1

编码	子范畴	初始概念	原始语句（部分）
b1	对声环境的影响	1 噪声影响程度 2 是否有降噪措施	考量噪声最大声级值（a362），夜间施工特别吵，影响正常生活（a209），是否会采取一定措施，尽量减小施工噪声（a361）
b2	有害物质排放	3 二氧化硫排放影响 4 氮氧化物排放影响 5 碳排放影响 6 产生烟粉尘影响	"十二五"期间将二氧化硫、氮氧化物等列为主要污染物（a391），需要对一氧化碳浓度及其生成条件严格控制（a424），施工阶段对工业烟粉尘控制较为薄弱（a374），造成的氮氧化物对空气有极其负面影响（a18）
b3	能源消费影响情况	7 所在地能源供应情况 8 单位面积能耗 9 占当地能源消费比例	对所在区域资源分布情况进行实际考察（a474），根据相关规定加强管控单位产品能耗指标（a297），衡量建设项目对所在区域能源消费的影响（a291）
b4	财务生存能力	10 净现值 11 单位面积成本 12 内部收益率	ENPV、EIRR可用来评价项目的盈利能力（a74），对于使用贷款资金的项目严格控制其单位成本（a16）
b5	对周围生态的影响	13 对土壤酸碱化的影响 14 对周围植被的影响	土壤环境pH值变动会造成严重生态影响（a491），对土壤环境演变趋势做出评价（a475），项目建设是否会对当地生态植被造成威胁（a324）
b6	社会需求程度	15 是否满足相关政策要求 16 群众需求程度	项目立项的前置条件是符合国家相关政策以及所在区域的村镇总体规划、国土空间规划、产业发展规划等相关规划（a253），村镇建设项目主要以群众需求为导向（a181）
b7	土地资源利用程度	17 建筑系数 18 容积率	容积率从侧面可以反映建筑的舒适度（a386），针对不同建设项目进行建筑系数有效控制（a532）
b8	对当地社会影响	19 带动就业人数 20 带动当地产业发展	一个项目的建设不仅能带动周边经济增长，还能带动相关产业发展（a273），通过个项目建设带动周围一部分群众就业（a559），改善当地原有产业结构（a173）
b9	固体和液体废弃物	21 废水排放影响 22 固体废弃物排放影响	项目建设期的污水需要进行一定处理，达到规定浓度再排放（a343），废水未达到标准排放，会严重破坏环境（a206），堆放的建筑垃圾需要进行一定处理（a264）
b10	项目主要设备	23 智能设备配置 24 节能设备配置	提倡选用智能化、数字化设备（a31），鼓励使用节能型设备、大大提高所建项目的节能效率（a501）

续表

编码	子范畴	初始概念	原始语句（部分）
b11	项目危险程度	25 项目危害因素影响程度 26 是否可能构成重大污染源	判断一个项目的危险程度要看其潜在危险源对周围安全的威胁程度（a17），对于可能造成重大污染源（如存在易燃易爆炸物质），严重威胁群众生命安全的项目一票否决（a565）
b12	其他环境保护措施	27 水土保持措施 28 污水处理措施	水土保持方案需要报批审批（a24），对于部分生态脆弱地区，水土保持至关重要（a233），对于产生的生活废水、工业废水必须进行相应处理（a176）
b13	节能方案措施	29 节能技术措施 30 节能管理措施	提倡采用先进节能施工工艺（a178），对施工人员进行相关教育、培养节能意识（a33）
b14	风险类别	31 社会稳定风险 32 环境影响风险 33 安全生产风险	对于可能引发重大社会稳定风险、重大安全生产风险的项目实行一票否决（a583），所处区域特殊以及可能造成较大环境破坏的项目需要做好环境影响风险评估（a241）
b15	对当地经济影响	34 项目年收入 35 项目年纳税总额	一个项目对所在区域的经济带动还体现在对当地的税收贡献，年收入越高、年税额越大（a124）
b16	社会适应程度	36 当地风俗文化适应性 37 不同利益群体适应性	建设一个项目之前要做好充分的市场调研工作，考虑不同利益群体对项目的接受程度（a543），项目建设要遵循当地的历史文化、风土民俗以及相关技术条件（a544）
b17	信息技术使用	38 施工技术先进性 39 是否建设数字化信息平台 40 是否推动当地信息建设	近几年国家鼓励"数字乡村"的发展，提倡将"互联网+"技术应用到村镇项目建设（a554），先进的施工技术有利于村镇建设水平的提高（a511）
b18	安全防治措施	41 安全事故应急措施	建设单位进行施工方案编制时必须具有一定的安全应急措施（a572），采用不熟悉的新技术、新设备时需要对相关操作人员培训、培养其安全防范意识（a564）
b19	设施配置	42 配套设施设置是否合理 43 是否影响当地设施	在进行项目建设时考虑进行一定的绿化设施配置（a275），建设项目在施工阶段最好不要对周围道路造成破坏（a94）
b20	风险防范措施	44 管控机制完善程度 45 风险转移措施	从项目投融资开始，各个环节都需要进行风险严格管控（a16），建设单位对农民工要进行工伤投险（a11）

范畴概念总结归纳汇总，提炼出其主范畴，最终形成8个主范畴，为绿色宜居村镇建设项目多目标决策指标体系构建提供理论基础，见表4-2。

主轴编码范畴　　　　　表4-2

编码	主范畴	对应子范畴	关系内涵
c1	环境	b1对声环境的影响	噪声较大的项目会对周围群众生活造成影响，影响生活环境，影响环境评估
		b2有害物质排放	国家相关政策对于主要污染物排放有明确规定，有害物质超标排放会影响大气环境
		b5对周围生态的影响	建设项目不能对当地植被、土壤环境造成严重破坏
		b9固体和液体废弃物	建设项目产生固体、液体废弃物程度以及是否有相应处理措施都会影响其环境评估
		b12其他环境保护措施	对于部分特殊区域（如环境敏感区、历史文化保护区等）的建设项目在立项审批时需要考虑其他保护措施
c2	资源	b3能源消费影响情况	建设项目的各项能源消费情况会对所处地域的资源造成影响，也会影响建设项目的节能评估
		b7土地资源利用程度	建设项目的土地利用程度较高可以大大节约土地资源
		b13节能方案措施	建设项目需要有一定的节能方案措施，有利于当地资源节约，有助于建设资源节约型社会
c3	经济	b4财务生存能力	用来反映项目的经济盈利能力，具有投资的可行性
		b15对当地经济影响	经营性项目的年收入以及年纳税额都带动了当地经济的发展及当地财政资金的增长
c4	社会	b6社会需求程度	建设项目既要是政策所倡导的，也要建立在群众需求的基础上，不至于造成资源浪费，决策失误
		b16社会适应程度	项目立项阶段要考虑建设项目是否能适应当地的历史文化、不同利益群体
		b8对当地社会影响	建设项目是否会对当地社会造成重大影响是前期立项审批阶段考虑的重点问题
c5	设施	b19设施配置	项目建设阶段要有合理的配套设施，而且不能影响当地已有的设施配置
		b10项目主要设备	建设项目尽量使用智能化设备和节能设备，有助于其他目标的实现，带来更多的社会效益
c6	信息	b17信息技术使用	建设项目信息技术的使用能够带动当地信息发展，推动"数字乡村"建设

续表

编码	主范畴	对应子范畴	关系内涵
c7	安全	b11项目危险程度	从可行性角度考察，建设项目危险程度高，则不予立项批准，保证建设项目的安全性
		b18安全防治措施	建设项目的施工组织方案中有一定的安全防治措施可以确保其安全目标的顺利实现
c8	风险	b14风险类别	编制建设项目可行性研究报告时需要进行识别其可能存在的风险类别，做好风险评估
		b20风险防范措施	从人员编制到施工方案设计，建设项目每个方面都要做好风险防范，必要时进行项目投保，进行风险转移

（3）选择性编码

主轴编码是将众多子范畴概念按照"是否造成影响—如何产生影响—影响绿色宜居村镇建设项目多目标决策哪方面"逻辑顺序，提炼出了环境、资源、经济、社会、设施、信息、安全、风险8个主范畴概念的过程，即8个目标准则层面，选择性编码是在主范畴概念的基础上，进一步概括凝练核心范畴，通过对8个主范畴概念进行分析，按照选取最大公约数的方法，找出8个主范畴概念的共同作用点，归纳凝练为其核心范畴。对8个主范畴归纳分析，发现8个主范畴概念共同影响绿色宜居村镇建设项目的前期决策，而且隶属于8个目标层面，因此总结凝练"绿色宜居村镇建设项目多目标决策指标"为核心范畴，初步构建出政府决策下绿色宜居村镇建设项目多目标决策指标体系，见表4-2。

4.2.2 指标体系优化

应用扎根理论，通过一级、二级、三级编码初步建立起包含8个主范畴、20个子范畴、45个初始概念的绿色宜居村镇建设项目多目标决策指标体系。但使用扎根理论时具有一定主观成分，建立的绿色宜居村镇建设项目多目标决策指标体系比较粗糙，因此需要进行不同角度的验证对指标体系进行优化。优化后确定的绿色宜居村镇建设项目多目标决策指标体系具有一定可靠性，故从扎根理论饱和度检验与问卷检验两方面对指标体系进行优化。

（1）饱和度检验

用其他的相关政策文本以及调研案例对初步构建的绿色宜居村镇建设项目多目标决策指标体系进行饱和度检验，按照三级编码顺序，进行初始概念、子范畴概念、主范畴概念的提炼归纳，未发现环境、资源、经济、社会、设施、信息、安全、风险8大主范畴概念外新的范畴，也未出现上述45个初始概念外新的概念，以及各概念关系提炼的20个子范畴外的子范畴概念，可证明初步建立的绿色宜居村镇建设项目多目标决策指标体系已经达到理论上的饱和状态。

（2）问卷检验

1）问卷设计

饱和度检验只是验证了初步选取指标的有效性，并不能验证各级指标划分的合理性，因此需要用因子分析法对指标分类合理性进行验证。本研究设计了一份基于李克特5分量表法的绿色宜居村镇建设项目多目标决策指标调查问卷，面向政府单位、建设单位、规划设计单位、科研机构等有相关工作经验的人员进行问卷调查。对初步选取的绿色宜居村镇建设项目多目标决策指标重要程度进行打分结果分析，以指标重要性、有效性进行检验，通过扎根饱和度以及问卷结果分析实现指标双重检验，确保选取指标的有效性，李克特5分量表重要度如图4-1所示。

问卷设计大体分为三个部分：第一部分是针对受访者的个人信息进行了

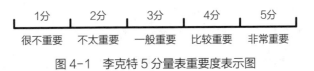

图4-1 李克特5分量表重要度表示图

解调查，包括受访者的所在单位、工作年限以及职称级别，可以帮助了解受访者对调查内容的熟悉程度，判断问卷的有效性，问卷的有效程度越高，分析结果就会更为可靠；第二部分是针对绿色宜居村镇建设项目多目标决策指标进行重要程度打分，按照1~5分的顺序，指标重要程度依次加深；第三部分鼓励受访者提出关于决策指标的其他宝贵建议，旨在进一步完善政府部门决策下的绿色宜居村镇建设项目多目标评价指标体系，问卷设计情况详见本书附录A。

2）问卷结果分析

共计发放问卷200份，剔除未回收及无效问卷19份，回收有效问卷181份，问卷回收率90.5%，其中半数以上的受访者来自政府部门（51.61%），其次是科研机构（20.43%），随后是设计规划研究院（13.98%）、建设单位（12.9%），最后是其他（1.08%）；从工作年限来看，1~3年占比70.97%，占比最高，3~5年占比7.53%，5~10年占比8.6%，10年以上占比12.9%；从职称分布来看，初级占比43.01%，中级占比9.68%，高级占比13.98%，其他占比33.33%。涉及政府部门、设计规划研究院、建设单位、科研机构、其他等多个部门单位，工作年限与职称级别也各有分布，调查范围覆盖面广，问卷具有可代表性，有助于进行下一步决策指标重要程度分析。

利用SPSS软件针对问卷结果进行检验，一般通过克朗巴哈系数（α）反映，数值越高反映出来的问卷结果可信度越高，一般以0.7为界限，0.7以下表明问卷结果可信度不高，0.7~1表明可信度在可接受范围内，可进行问卷分析，0.9及0.9以上表明问卷的可信度很高，分析结果更为可靠。本问卷主要是针对政府部门决策模式下绿色宜居村镇建设项目多目标评价指标体系进行调查，涉及环境、资源、经济、社会、设施、信息、安全、风险多个目标准则层面，因此在进行信度分析时需要对整个问卷以及各个目标准则层内部的克朗巴哈系数（α）检验（表4-3）。整个问卷的克朗巴哈系数（α）为0.979，可信度较高，多个目标准则层内部的克朗巴哈系数（α）位于

0.900~0.961区间，均大于0.9，进一步证明了问卷结果分析的可信度。45个指标的平均分值位于3.18~4.15区间，大多数人认为所选取的指标位于一般重要与比较重要之间，证明了所选取指标对于绿色宜居村镇建设项目多目标决策的影响程度，也体现了指标选取的合理性。

问卷信度检验　　　　　　　　表4-3

题组	克朗巴哈系数（α）	指标数	各指标平均分值（范围）
环境目标准则层	0.961	12	3.44~4.01
资源目标准则层	0.927	7	3.20~3.45
经济目标准则层	0.925	5	3.37~4.11
社会目标准则层	0.932	6	3.51~4.15
设施目标准则层	0.931	4	3.18~3.43
信息目标准则层	0.914	3	3.21~3.25
安全目标准则层	0.900	3	3.57~4.01
风险目标准则层	0.953	5	3.44~3.56
整个问卷指标	0.979	45	3.18~4.15

问卷中涉及因素过多，有必要进行因素检验，见表4-4。问卷指标的 KMO 值为0.867＞0.6，Bartlett球形检验参数 sig =0.000＜0.05，显著性较高。利用SPSS中的因子分析功能检验初步构建的指标体系中指标分类的正确性与合理性，将特征值（λ）大于1的作为选取主成分的原则，默认最大方差法不断收敛迭代（不超过25次），输出旋转解（表4-5），45个三级指标可以提取出6个主成分，这6个主成分可以较为全面地概括全部指标，其累计贡献率达到76.971%。从旋转因子矩阵可看出噪声影响程度、是否有降噪措施、二氧化硫、氮氧化物、碳排放影响、产生烟粉尘影响、对土壤酸碱化、周围植被的影响、废水排放影响、固体废弃物处理、水土保持、污水处理措施较大程度地聚集在主成分1下，主成分1可概括为环境目标；所在地能源供应情

问卷适用性检验　　　　　　　　　　表4-4

KMO与Bartlett检定		
Kaiser-Meyer-Olkin 测量取样适当性		0.867
Bartlett 的球形检定	大约 卡方	4887.997
	df	990
	显著性	0.000

旋转元件矩阵[a]　　　　　　　　　　表4-5

题组	元件					
	1	2	3	4	5	6
1. 环境目标对于决策的影响程度						
噪声影响程度	0.660	0.177	0.038	0.060	0.296	0.291
是否有降噪措施	0.617	0.232	0.111	0.044	0.183	0.300
二氧化硫排放影响	0.836	0.125	0.217	0.159	0.222	0.009
氮氧化物排放影响	0.851	0.133	0.219	0.139	0.149	0.059
碳排放影响	0.808	0.093	0.332	0.199	0.122	−0.001
产生烟粉尘影响	0.617	0.005	0.326	0.272	0.291	0.263
对土壤酸碱化的影响	0.788	0.185	0.260	0.190	0.098	0.120
对周围植被的影响	0.792	0.246	0.147	0.172	0.078	0.154
废水排放影响	0.744	0.166	0.356	0.172	0.081	0.228
固体废弃物排放影响	0.673	0.130	0.306	0.221	0.061	0.339
水土保持措施	0.738	0.096	0.209	0.294	0.031	0.311
污水处理措施	0.536	0.054	0.447	0.358	0.133	0.301
2. 资源目标对于决策的影响程度						
所在地能源供应情况	0.163	0.221	0.239	0.717	0.183	0.103
单位面积能耗	0.368	0.377	0.105	0.641	0.260	0.015
占当地能源消费量比例	0.356	0.249	0.069	0.703	0.197	0.164
建筑系数	0.158	0.109	0.255	0.734	0.301	0.044

续表

题组	元件					
	1	2	3	4	5	6
容积率（予以剔除）	0.045	0.112	0.262	0.781	0.229	0.190
节能技术措施	0.301	0.355	0.074	0.683	0.202	0.179
节能管理措施	0.272	0.275	0.108	0.761	0.077	0.295
3. 经济目标对于决策的影响程度						
净现值	0.214	0.118	0.176	0.410	0.658	0.105
内部收益率	0.123	0.116	0.216	0.328	0.757	0.172
单位面积成本	0.199	0.186	0.236	0.197	0.794	0.166
项目年收入	0.211	0.309	0.162	0.234	0.730	0.207
项目年纳税总额	0.247	0.326	0.187	0.175	0.700	0.230
4. 社会目标对于决策的影响程度						
是否满足相关政策要求	0.361	0.218	0.271	0.178	0.341	0.600
群众需求程度	0.334	0.248	0.242	0.161	0.351	0.516
当地文化风俗适应性	0.330	0.271	0.229	0.162	0.138	0.707
不同利益群体适应性	0.398	0.200	0.343	0.286	0.183	0.649
带动就业人数	0.193	0.359	0.182	0.156	0.225	0.695
带动当地产业发展	0.165	0.336	0.261	0.214	0.165	0.675
5. 设施目标对于决策的影响程度						
配套设施设置是否合理	0.116	0.719	0.207	0.216	0.237	0.287
是否影响当地设施	0.245	0.745	0.260	0.205	0.112	0.187
智能设备配置	0.203	0.813	0.170	0.203	0.170	0.154
节能设备配置	0.260	0.787	0.195	0.181	0.059	0.200
6. 信息目标对于决策的影响程度						
施工技术先进性	0.149	0.745	0.229	0.178	0.139	0.273
是否建设数字化信息平台	0.059	0.834	0.207	0.171	0.220	0.090
是否推动当地信息建设	0.110	0.835	0.213	0.167	0.116	0.102

续表

题组	元件					
	1	2	3	4	5	6
7. 安全目标对于决策的影响程度						
项目危害因素影响程度	0.361	0.195	0.711	0.224	0.291	0.101
是否可能构成重大污染源	0.316	0.275	0.732	0.108	0.247	0.082
安全事故应急措施	0.177	0.344	0.652	0.137	0.165	0.299
8. 风险目标对于决策的影响程度						
社会稳定风险	0.300	0.294	0.707	0.137	0.213	0.261
环境影响风险	0.337	0.275	0.626	0.250	0.134	0.329
安全生产风险	0.323	0.225	0.788	0.153	0.110	0.251
管控机制完善程度	0.377	0.282	0.657	0.292	0.177	0.147
风险转移措施	0.368	0.281	0.711	0.223	0.154	0.159

注：撷取方法：主成分分析。转轴方法：最大变异法。表中"a"代表：在7迭代中收敛循环。

况、单位面积能耗、占当地能源消费量比例、建筑系数、节能技术措施、节能管理措施聚集于主成分4，主成分4概括为资源目标；净现值、内部收益率、单位面积成本、项目年收入、项目年纳税总额聚集于主成分5，概括为经济目标；是否满足相关政策、市场需求程度、当地风俗文化、不同利益群体适应性、带动就业人数、产业发展聚集于主成分6，概括为社会目标；配套设施设置是否合理、是否影响当地设施、智能设备、节能设备配置、施工技术先进性、是否建设数字化信息平台、是否推动当地信息建设聚集于主成分2，概括为设施目标；项目危害因素影响程度、是否可能构成重大污染源、安全事故应急措施、社会稳定风险、环境影响风险、安全生产风险、管控机制完善程度、风险转移措施聚集于主成分3，可概括为风险目标。容积率的荷载值小于0.5，因此予以剔除，设施、信息目标合并为信息目标，安全、风险目标合并为风险管控目标，原先的8个一级指标合并为最终的6个一级指标。

4.2.3 指标体系确定

通过扎根理论初步建立起包含环境、资源、经济、社会、信息、风险管控6个目标准则层（一级指标），对声环境的影响、有害物质排放、对周围生态影响等20个子范畴概念（二级指标），以及噪声影响程度、二氧化硫排放影响、单位面积能耗等45个初始概念（三级指标）的政府部门决策下绿色宜居村镇建设项目多目标评价指标体系。

利用因子分析对指标进行验证，对初步构建的指标体系进行优化调整，剔除掉荷载值较小的因素，得到6个一级指标、20个二级指标和44个三级指标。对已有因素按成本型和效益型进行分类。根据不同类型项目进行其特性因素划分，绿色宜居村镇建设项目按照建设目的可以分为经营性项目与非经营性项目，二者主要在经济目标指标有所区别。

一级指标按A、B、C、D、E、F进行编码，二级指标按照A1、A2……F1、F2…进行编码，三级指标按照A11、A21……F11、F21…进行编码，最终建立起包含6个目标层一级指标、20个准则层二级指标、44个评价要素层三级指标（42个共性指标和2个特性指标）的政府部门决策指标体系。

对指标的计量引用环保税相关规定，本指标体系中环境目标准则层下各指标的量化采用环保税的相关标准，如噪声排放影响、二氧化硫排放影响、碳排放影响等指标采用相应环保税计量，二氧化硫排放当量乘其税额就是对应的环保税，其他指标采用其他标准评价。指标评价方法、单位以及指标类型具体见表4-6。鉴于有害物质较多，不同项目的有害物质也不尽相同，该指标体系中有害物质排放影响只选取了政策中规定的主要有害物质。

政府部门决策指标及评价方法　　　　　表4-6

一级指标	二级指标	三级指标	指标类型
环境（A）	1 对声环境的影响（A1）	1 噪声影响程度（A11）（万元） （噪声超标数量乘相应税额）	成本型
		2 是否有降噪措施（A12）（分） （1~3分别表示无降噪措施、降噪措施一般、降噪措施较好）	效益型
	2 有害物质排放（A2）	3 二氧化硫排放影响（A21）（万元） （排放当量乘相应税额1.263~12.632元/kg）	成本型
		4 氮氧化物排放影响（A22）（万元） （排放当量乘相应税额1.263~12.632元/kg）	成本型
		5 碳排放影响（A23）（万元） （排放当量乘相应税额0.072~0.719元/kg）	成本型
		6 产生烟粉尘影响（A24）（万元） （排放当量乘相应税额0.550~5.505元/kg）	成本型
	3 对周围生态的影响（A3）	7 对土壤酸碱化的影响（A31）（万元） （PH影响换算污水）	成本型
		8 对周围植被的影响（A32）（分） （1~5分别表示无影响、有少许影响、影响一般、影响较为严重、影响严重）	成本型
	4 固体和液体废弃物（A4）	9 废水排放影响（A41）（万元） （如悬浮物排放当量乘相应税额0.35~3.5元/kg）	成本型
		10 固体废弃物排放影响（A42）（分） （1~3分别表示无处理、处理一般、处理措施较好）	效益型
	5 其他环境保护措施（A5）	11 水土保持措施（A51）（分） （1~5分别表示无措施、有些许措施、措施一般、措施较为全面、措施全面）	效益型
		12 污水处理措施（A52）（分） （是否能达到相应标准 是/否，1/0）	效益型
资源（B）	6 能源消费影响情况（B1）	13 所在地能源供应情况（B11）（分） （1~3分别表示不能满足需求、基本能满足需求、较能满足需求）	效益型
		14 单位面积能耗（B12）（kg/m²年）	成本型
		15 占当地能源消费量比例（B13）（%）	成本型
	7 土地资源利用程度（B2）	16 建筑系数（B21）（%）	效益型

续表

一级指标	二级指标	三级指标	指标类型
资源（B）	8 节能方案措施（B3）	17 节能技术措施（B31）（分） （1~3分别表示效果不明显、效果一般、效果显著）	效益型
		18 节能管理措施（B32）（分） （有/无，1/0）	效益型
经济（C）	9 财务生存能力（C1）	19 净现值（C11）（万元）	效益型
		20 内部收益率（C12）（%）	效益型
		21 单位面积成本（C13）（万元/m^2）	成本型
	10 对当地经济影响程度（C2）（针对经营性项目）	22 项目年收入（C21）（万元） （经营性特性指标）	效益型
		23 项目年纳税总额（C22）（万元） （经营性特征指标）	效益型
社会（D）	11 社会需求程度（D1）	24 是否满足相关政策要求（D11）（分） （是/否，1/0）	效益型
		25 群众需求程度（D12）（分） （1~3分别表示需求较小、需求一般、迫切需求）	效益型
	12 社会适应程度（D2）	26 当地风俗文化适应性（D21）（分） （1~5分别表示完全不适应、不完全适应、一般适应、较能适应、完全适应）	效益型
		27 不同利益群体适应性（D22）（分） （1~5分别表示完全不适应、不完全适应、一般适应、较能适应、完全适应）	效益型
	13 对当地社会影响（D3）	28 带动就业人数（D31）（人次）	效益型
		29 带动当地产业发展（D32）（分） （1~3分别表示带动效果不明显、带动效果一般、带动效果良好）	效益型
信息（E）	14 设施配置（E1）	30 配套设施设置是否合理（E11）（分） （是/否，1/0）	效益型
		31 是否影响当地设施（E12）（分） （1~5分别表示无影响、有少许影响、影响一般、影响较为严重、影响严重）	成本型
	15 项目主要设备（E2）	32 智能设备配置（E21）（分） （有/无，1/0）	效益型
		33 节能设备配置（E22）（分） （有/无，1/0）	效益型

续表

一级指标	二级指标	三级指标	指标类型
信息（E）	16 信息技术使用（E3）	34 施工技术先进性（E31）（分） （1~3分别表示落后、一般、先进）	效益型
		35 是否建设数字化信息平台（E32）（分） （是/否，1/0）	效益型
		36 是否推动当地信息建设（E33）（分） （是/否，1/0）	效益型
风险管控（F）	17 项目危险程度（F1）	37 项目危害因素影响程度（F11）（分） （1~5分别表示不危险、不太危险、一般危险、较为危险、极其危险）	成本型
		38 是否可能构成重大污染源（F12）（分） （是/否，1/0）	成本型
	18 风险类别（F2）	39 社会稳定风险（F21）（分） （1~3分别表示低风险、中风险、高风险）	成本型
		40 环境影响风险（F22）（分） （1~3分别表示低风险、中风险、高风险）	成本型
		41 安全生产风险（F23）（分） （1~3分别表示低风险、中风险、高风险）	成本型
	19 安全防治措施（F3）	42 管控机制完善程度（F31）（分） （1~3分别表示不完善、一般、完善）	效益型
		43 安全事故应急措施（F32）（分） （1~3分别表示无措施、措施一般、措施较多）	效益型
	20 风险防范措施（F4）	44 风险转移措施（是否进行项目投保）（F41）（分） （是/否，1/0）	效益型

4.3 村集体组织决策指标体系建立

4.3.1 指标初步选取

村集体组织决策主要针对由村集体共同出资、投资额度较小、结构相对简单、甚至可由村民自行建设的建设项目。村集体组织决策主要采用"四议两公开"制度，决策过程中充分体现民主参与和透明公开原则，实现决策结果公开和实施结果公开。村党支部会提议阶段要充分做好前期调研，做好项目建设必要性分析，村两委商议阶段要深入讨论建设项目的可行性与经济性，党员大会与村民代表大会评议阶段对建设项目的必要性、合理性、可行性、经济性加以验证。

村集体组织决策的建设项目大多为村集体经济产业项目以及小型的基础设施、公共配套设施等公益性项目。这类项目以经济、社会效益为目标导向，项目提出建立在群众需求的基础上，优先选取群众需求迫切、社会效益大的项目。群众和村干部都会参与到村集体组织决策的过程中，群众在进行表决投票的过程中会从自身利益角度出发，有损自身利益的不予通过，村干部在进行评议时要从建设项目对整个村庄的经济、社会效益贡献程度、项目建设过程中是否会对环境造成的影响、项目建设中是否存在的风险等多个方面进行综合决策。建设项目体量较小，不会造成较大的环境影响风险和安全生产风险，群众参与表决又避免了较大的社会稳定风险。因此村集体组织进行项目决策时无需进行环评、能评和风评，宏观层面上定性描述即可。通过对相关资料文本扎根分析，村集体组织决策主要有经济、社会、环境三个目标准则层，通过村集体决策实现经济、社会、环境效益最大化。

（1）经济目标

建设项目的经济目标主要通过项目建设成本、项目运行成本、项目年收入、项目年纳税额4个指标进行衡量，其中项目建设成本不能超过村集体自有资金额度；项目运行成本用来判断项目在运行期应该付出的经济代价；项目年收入和项目年纳税总额主要是用来考察经营性建设项目的收益水平。项目年收入越大，该项目经济效益越好，对应的年纳税总额也就越大，对当地税收的贡献也就越大，从国民经济角度看，有利于国民经济增长。

（2）社会目标

村集体组织在进行项目决策时除了考虑经济效益，更多考虑的是该建设项目即将带来的社会效益。可选取群众生活安全便利程度、文化体育景观效益、带动就业效果、带动当地产业发展4个指标作为社会目标的判断依据，其中群众生活安全便利程度指能给群众生活带来的便利程度；文化体育景观效益指项目建设补充完善了当地增加群众参与性的公共服务设施，使得群众的精神生活更加富足；带动就业效果、带动当地产业发展从充分就业、产业做大做强等不同方面表现了项目建设带来的社会效益。村集体项目的提议要建立在群众需求的基础上，群众需求强烈且社会效益显著的项目优先通过。

（3）环境目标准则层

村集体组织决策项目不用进行环境影响评估、固定资产节能评估，因此不需要像政府部门决策项目考虑过多的环境指标，但应从整体上分析建设项目对周围生态环境带来的影响以及是否采取相应环保措施。一般选取污染物排放成本、节约能源效益、改善生态环境质量作为考量指标，其中污染物排放成本指项目在建设过程中产生相关污染物而增加的成本费用，数值越小表示项目越环保；节约能源效益包括建设项目采用相关节能环保技术、措施节约的资源数量；改善生态环境质量是指项目通过某些处理措施对原有环境的优化改善。

4.3.2 指标检验

（1）饱和度检验

用村庄访谈文本对指标进行饱和度检验，按"原始语句编码—提炼初始概念—凝练子范畴概念—归纳主范畴概念—提出核心范畴概念"的顺序，未出现新的概念范畴，验证了村集体组织决策指标在理论研究上的饱和性。

（2）因子分析检验

对农村村集体组织干部进行问卷调查（附录B），共发出问卷120份，其中未回收及无效问卷10份，回收有效可分析问卷数量110份，回收率91.7%。运用SPSS对问卷结果进行信度检验（表4-7），问卷的克朗巴哈系数（α）为0.855，其他各个目标维度的克朗巴哈系数（α）均大于0.8，说明问卷整体的可信度较高，可进行下一步分析。从各指标平均分值来看，所有指标得分均位于3.43~4.10，处于一般重要和比较重要之间，进一步证明了指标设置的合理性。因此可利用问卷数据进行指标权重计算，对问卷进行参数检验（表4-8），问卷整体的$KMO=0.772>0.6$，$sig=0.000<0.05$，适用性较好。

通过SPSS对问卷进行降维因子分析，同上述分析过程，选取$\lambda>1$的作

问卷信度检验　　　　　　表4-7

题组	克朗巴哈系数（α）	指标数	各指标平均分值（范围）
环境目标维度	0.853	3	3.54~3.55
经济目标维度	0.826	4	3.43~4.01
社会目标维度	0.832	4	3.57~4.10
整个问卷	0.855	11	3.43~4.10

问卷适用性检验　　　　　　表4-8

KMO与Bartlett检定		
Kaiser-Meyer-Olkin 测量取样适当性		0.772
Bartlett 的球形检定	大约 卡方	664.085
	df	55
	显著性	0.000

为公因子，选用最大方差法不断正交旋转，直至输出旋转解。共计提取3个公因子，项目建设成本（A1）、项目运行成本（A2）、项目年收入（A3）、项目年纳税总额（A4）聚集于公因子1，公因子1即为经济目标（A）；群众生活安全便利程度（B1）、文化景观效益（B2）、带动就业效果（B3）、带动当地产业发展（B4）聚集于公因子2，即公因子2为社会目标（B）；污染物排放成本（C1）、节约能源效益（C2）、改善生态环境质量（C3）聚集于公因子3，即公因子3为环境目标（C）。分析旋转后因子的方差贡献率（表4-9），3个公因子累计贡献率达到71.322%，可以较好解释所有指标，同时对选取指标进行了有效性检验。

旋转元件矩阵[a]　　　　　　　　　　表4-9

	元件		
	1	2	3
污染物排放成本	0.085	0.239	0.855
节约能源效益	0.176	0.280	0.824
改善生态环境质量	0.073	0.053	0.877
项目建设成本	0.633	0.097	0.036
项目运行成本	0.856	0.128	0.093
项目年收入	0.866	0.176	0.143
项目年纳税总额	0.829	0.219	0.127
群众生活安全便利程度	0.247	0.496	0.302
文化景观效益	0.080	0.825	0.281
带动就业效果	0.184	0.886	0.098
带动当地产业发展	0.199	0.849	0.089

注：撷取方法：主成分分析。转轴方法：最大变异法。表中"a"代表：在5迭代中收敛循环。

4.3.3 指标体系确定

村集体组织决策的项目按照建设目的，可以分为经营性项目与非经营性项目。初步选取的评价指标中既包括经营性项目的决策指标，也包括非经营性项目的决策指标。因此以共性指标为基础，根据不同类型项目添加其特有指标，共性指标加上不同类型项目的特有指标就是村集体组织决策模式下各类建设项目的多目标评价指标体系。在指标选取与指标检验的基础上构建村集体组织决策指标体系（图4-2），包含经济（A）、社会（B）、环境（C）三个目标准则层；项目建设成本（A1）、项目运行成本（A2）、项目年收入（A3）、项目年纳税总额（A4）、群众生活安全便利程度（B1）、文化景观效益（B2）、带动就业效果（B3）、带动当地产业发展（B4）、污染物排放成本（C1）、节约能源效益（C2）、改善生态环境质量（C3）11个二级指标，其中项目年收入与项目年纳税总额是两个经营性项目特性指标。建立的

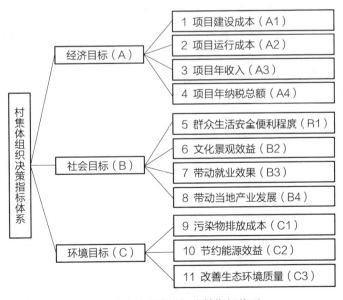

图 4-2　村集体组织决策指标体系

村集体组织决策指标体系适用于各类村集体组织的不同类型建设项目评价决策。

4.4 本章小结

本章按照"指标初步选取—指标检验优化—指标最终确定"的顺序,分别构建了政府部门决策与村集体组织决策两种模式下的绿色宜居村镇建设项目多目标决策指标体系,政府部门决策指标体系较为全面,涵盖环境、资源、经济、社会、信息、风险管控6个主范畴概念(一级指标),对声环境的影响、有害物质排放、对周围生态的影响等20个子范畴概念(二级指标),以及二氧化硫排放影响、噪声影响程度、单位面积能耗等44个初始概念(三级指标)。村集体组织决策指标体系较为简单,主要包括经济、社会、环境3个一级指标,以及项目建设成本、项目运行成本、带动就业效果等11个二级指标。两种决策模式下的绿色宜居村镇建设项目多目标评价指标体系既包含了不同类型项目的共性指标,又囊括了各类项目的特有指标,为第5章建立不同决策主体下绿色宜居村镇建设项目多目标决策模型奠定基础。

5

绿色宜居村镇建设项目多目标决策模型构建

本章主要基于政府部门决策与村集体组织决策指标体系，结合两种决策模式特点与决策程序，分别构建两种绿色宜居村镇建设项目多目标决策模型。首先，通过前置决策，基于环境、社会指标量化的费用效益评价，改进TOPSIS分析，建立政府部门三阶段决策模型；其次，分析计算村集体组织费用效益指标，建立环境制约下村集体组织决策费用效益评价模型。

5.1 政府部门多目标决策模型构建

如前所述，需要纳入政府部门多目标决策范围的绿色宜居村镇项目包括政府投资项目、纳入基本审批流程的投资规模较大的企业投资项目、政府采用核准制、备案制或承诺制进行事前政策引导的企业投资项目、政府和社会资本合作投资项目。政府部门决策主体是县级及以上政府部门。

政府部门多目标决策可采用方便并联审批、满足多评合一、统一评审、联合评审要求的三阶段决策模型。第一阶段决策适用于需要进行环境影响评价（环评）、节能评估（能评）、风险评估（风评）的建设项目，考察建设项目的某些强制规定指标（如二氧化硫排放影响、占当地能源消费量比例、社会稳定风险等）是否满足国家相关要求，未达到相关要求的予以"一票否决"；第二阶段决策针对第一阶段决策通过的项目以及不需要进行环评、能评、风评的建设项目，主要基于环境、社会指标货币量化进行项目的费用效益分析，从技术经济上判断项目可行性；第三阶段决策建立在第二阶段决策的基础上，综合考虑环境、资源、经济、社会、信息、风险管控目标，用改进TOPSIS计算项目贴近度进行项目的多方案选优。政府部门三阶段决策模型设计原理如图5-1所示。

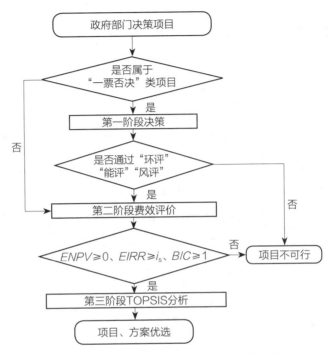

图 5-1　政府部门三阶段决策模型设计原理

5.1.1　第一阶段决策

对于需要进行环评、能评和风评的建设项目来说，相关政策对于不同项目的对应指标做出了明确的规定。因此第一阶段决策主要针对这些已作出明确规定的约束性指标如二氧化硫排放影响、碳排放影响、占当地能源消费量比例、社会稳定风险、安全生产风险等进行决策，也就是看是否应该进行环境、资源、风险目标的一票否决，形成符合环境、资源、风险目标要求的项目集合。该阶段由县级及以上政府部门进行决策。

（1）环境目标决策

环境目标决策主要通过环境影响评价结果的运用来实现。

2018年12月29日第二次修正的《中华人民共和国环境影响评价法》[74]对环境影响评价概念作出了规定：是指对规划和建设项目实施后可能造成的环境影响进行分析、预测和评估，提出预防或者减轻不良环境影响的对策和措施，进行跟踪监测的方法与制度。国家根据建设项目对环境的影响程度，对建设项目的环境影响评价实行分类管理。建设单位应当按照下列规定组织编制环境影响评价文件：可能造成重大环境影响的，应当编制环境影响报告书，对产生的环境影响进行全面评价；可能造成轻度环境影响的，应当编制环境影响报告表，对产生的环境影响进行分析或者专项评价；对环境影响很小、不需要进行环境影响评价的，应当填报环境影响登记表。建设单位应当对建设项目环境影响报告书、环境影响报告表的内容和结论负责，接受委托编制建设项目环境影响报告书、环境影响报告表的技术单位对其编制的建设项目环境影响报告书、环境影响报告表承担相应责任。除国家规定需要保密的情形外，对环境可能造成重大影响、应当编制环境影响报告书的建设项目，建设单位应当在报批建设项目环境影响报告书前，举行论证会、听证会，或者采取其他形式，征求有关单位、专家和公众的意见。建设单位报批的环境影响报告书应当附具对有关单位、专家和公众的意见采纳或者不采纳的说明。

政府部门对项目环境目标的决策主要体现在判断建设项目的二氧化硫、氮氧化物、一氧化碳、烟粉尘等有害物质排放是否超出限值。不同建设项目的有害物质排放限制不同，不同地域对于环境目标要求也不尽相同。因此环境目标决策就是根据相关政策要求，结合地域特征，依据二氧化硫、氮氧化物、一氧化碳、烟粉尘、废水的排放量限值，分类对建设项目进行初步筛选。对于有害物质排放超出相关规定限值的建设项目，政府部门可实行一票否决权直接淘汰，决策原理见式5-1。

$$P_\mathrm{e} = \bigcup_{\alpha=1}^{l} P_{\alpha i}, i \in \left\{ C_2, N_\mathrm{x}, C_1, P_\mathrm{d}, W_\mathrm{d} \right\} \quad （5-1）$$

式中 P_e —— 通过环境目标下相应约束指标的项目集合；

l —— 需要进行环评的项目个数；

i —— 有环境目标下明确约束的各指标；

C_2 —— 二氧化碳排放限值；

N_x —— 氮氧化物排放限值；

C_1 —— 一氧化碳排放限值；

P_d —— 烟粉尘排放限值；

W_d —— 废水排放限值。

如钢铁项目，其C_2≤0.54kg/t（一类区）、C_2≤0.6kg/t（二类区），N_x≤0.9kg/吨；燃煤机组项目，其C_2≤0.175g/kW·h（一类区）、C_2≤0.35g/kW·h（二类区）；N_x≤0.35g/kW·h（一类区）、N_x≤0.7g/kW·h（二类区）。

（2）资源目标决策

资源目标决策主要通过节能评估结果的运用来实现。

根据2018年10月26日全国人大第二次修正的《中华人民共和国节约能源法》[75]，国家实行固定资产投资项目节能评估和审查制度。节能评估是指根据节能法规、标准，对各级人民政府发展改革部门管理的在我国境内建设的固定资产投资项目的能源利用是否科学合理进行分析评估，并编制节能评估文件或填写节能登记表。节能评估的主要内容包括：评估依据；项目概况；能源供应情况评估（包括项目所在地能源资源条件以及项目对所在地能源消费的影响评估）；项目建设方案节能评估（包括项目选址、总平面布置、生产工艺、用能工艺和用能设备等方面的节能评估）；项目能源消耗和能效水平评估（包括能源消费量、能源消费结构、能源利用效率等方面的分析评估）；节能措施评估（包括技术措施和管理措施评估）；存在问题及建议等。

项目能耗计算可考虑所在地域的能源供应情况、建设项目的单位面积能耗以及建设项目能耗占当地能源消费量比例，建设项目的用电、用水能耗可以统一转化为标准用煤能耗，单位面积能耗原则上越小越好，越小越体现了节能减排理念以及绿色发展原则。建设项目能耗占当地能源消费量比例一般不超过1%。政府部门对项目能耗目标的决策主要体现在判断建设项目的能耗是否低于能耗的限制，决策原理见式（5-2）。

$$P_s = \bigcup_{\beta=1}^{m} P_{\beta j}, j \in \left\{E_p, P_e\right\} \quad （5-2）$$

式中　P_s　——　通过资源目标下相应约束指标的项目集合；

　　　m　——　需要进行能评的项目个数；

　　　j　——　资源目标下有明确约束的各指标；

　　　E_p　——　建设项目单位面积能耗；

　　　P_e　——　占当地能源消费量比例。

E_p 包含了单位面积耗电量、耗水量、耗煤量，可以同时折算为标准耗煤量。

政府资源目标的一票否决体现在节能评估结果的审查方面：政府投资项目，建设单位在报送项目可行性研究报告前，需取得节能审查机关出具的节能审查意见。企业投资项目，建设单位需在开工建设前取得节能审查机关出具的节能审查意见。未按规定进行节能审查，或节能审查未通过的项目，建设单位不得开工建设，已经建成的不得投入生产、使用。

（3）风险目标决策

风险目标决策主要通过环境风险评价、安全生产风险评价、社会稳定风险评估结果的运用来实现。

为贯彻《中华人民共和国环境保护法》[76]和《中华人民共和国环境影响评价法》，规范环境风险评价工作，加强环境风险防控，我国生态环境部新修改了环境影响评价国家标准《建设项目环境风险评价技术导则》[77] HJ 169—2018（2019年3月1日实施）。标准规定了涉及有毒有害和易燃易爆危险生产、使用、储备（包括使用管线输运）的建设项目可能发生的突发性事故（不包括人为破坏及自然灾害引发的事故）的环境风险评价的一般性原则、内容、程序和方法。标准将环境风险评价工作等级划分为一级、二级、三级。根据建设项目涉及的物质及工艺、系统危险性和所在地的环境敏感性确定环境风险潜势，将项目环境风险潜势划分为Ⅰ、Ⅱ、Ⅲ、Ⅳ/Ⅳ$^+$级。风险潜势为Ⅳ及以上，进行一级评价；风险潜势为Ⅲ，进行二级评价；风险潜势为Ⅱ，进行三级评价；风险潜势为Ⅰ，可开展简单分析。

2021年6月10日新修改《中华人民共和国安全生产法》[78]第二十八条规定，生产经营单位新建、改建、扩建工程项目（以下统称建设项目）的安全设施，必须与主体工程同时设计、同时施工、同时投入生产和使用。安全设施投资应当纳入建设项目概算。第二十九条规定，矿山、金属冶炼建设项目和用于生产、储存、装卸危险物品的建设项目，应当按照国家有关规定进行安全评价。第三十条规定，矿山、金属冶炼建设项目和用于生产、储存、装卸危险物品的建设项目的安全设施设计应当按照国家有关规定报经有关部门审查，审查部门及其负责审查的人员对审查结果负责。

2012年8月16日《国家发展改革委重大固定资产投资项目社会稳定风险评估暂行办法》[79]第三条规定，项目单位在组织开展重大项目前期工作时，应当对社会稳定风险进行调查分析，征询相关群众意见，查找并列出风险点、风险发生的可能性及影响程度，提出防范和化解风险的方案措施，提出采取相关措施后的社会稳定风险等级建议。社会稳定风险分析应当作为项目可行性研究报告、项目申请报告的重要内容并设独立篇章。第四条规定，重大项目社会稳定风险等级分为三级：高风险：大部分群众对项目有意见、反应特别强烈，可能引发大规模群体性事件；中风险：部分群众对项目有意见、反应强烈，可能引发矛盾冲突；低风险：多数群众理解支持但少部分人对项目有意见，通过有效工作可防范和化解矛盾。第八条规定，评估主体作出的社会稳定风险评估报告是国家发展改革委审批、核准或者核报国务院审批、核准项目的重要依据。评估报告认为项目存在高风险或者中风险的，国家发展改革委不予审批、核准和核报；存在低风险但有可靠防控措施的，国家发展改革委可以审批、核准或者核报国务院审批、核准，并应在批复文件中对有关方面提出切实落实防范、化解风险措施的要求。

风险目标决策是建立在对建设项目环境风险、安全生产风险、社会稳定风险进行分析预测的基础之上，根据项目实际情况对比重点关注危险物质临界量推荐值判断各类风险等级。对于具有中、高风险的建设项目予以一票否决，留下风险可控的建设项目，决策原理见式（5-3），其中社会稳定风险应体现以政府为主导、多元主体共同参与的民主决策原则。

$$P_r = \bigcup_{\delta=1}^{n} P_{\delta k}, \ k \in \{E_r, I_r, S_r\} \quad (5-3)$$

式中 P_r —— 通过风险目标下相应约束指标的项目集合；

n —— 需要进行风评的项目个数；

k —— 风险目标下有明确约束的各指标；

E_r —— 建设项目的环境影响风险；

I_r —— 建设项目安全生产风险；

S_r —— 建设项目社会稳定风险。

不得评价为高、中风险，使得留下的建设项目处于可控范围内。

第一阶段决策主要是对需要进行环评、能评、风评的建设项目，根据环境、资源、风险三个目标维度下各自对应的具有明确政策规定的约束性指标，对每个建设项目进行初步筛选，环评、能评、风评任意一项评估未通过的项目都予以否决。因此通过第一阶段决策留下的项目初选集中的建设项目需要同时通过环评、能评、风评三项评估，结合式（5-1）~式（5-3）得出式（5-4），通过环境、资源、风险三个目标下相应约束指标的项目并集分别得出每个目标的决策模型，在此基础上符合三项评估的项目交集即是第一阶段决策模型。

$$P^0 = P_e \cap P_s \cap P_r \quad (5-4)$$

式中 P^0 —— 通过环境评估、节能评估、风险评估三项评估的建设项目集合，即通过第一阶段决策的所有项目初选集；

P_e —— 通过环境目标下相应约束指标的项目集合；

P_s —— 通过资源目标下相应约束指标的项目集合；

P_r —— 通过风险目标下相应约束指标的项目集合。

5.1.2 第二阶段决策

（1）决策目标

第二阶段决策主要针对需要进行环评、能评、风评的且通过第一阶段决策的项目初选集中的项目，以及不需要进行环评、能评、风评三项评估的建设项目，从经济、社会、环境3个目标维度对建设项目进行综合性评价，决策原理见式（5-5）。

$$\begin{cases} P^1 = P_{F_i} \cap P_{R_j}, \sum_{i=1}^{m} F_i \leq F_r, \sum_{j=1}^{n} R_j \leq R_s \\ P^2 = \left\{ \sum_{k=1}^{l} P_{\max U_k} \right\}, P_{\max U_k} \subseteq P^1 \\ U_k = B_k / C_k \\ l \leq m \text{ 或 } l \leq n \end{cases} \quad （5-5）$$

式中 P^1 —— 在第一阶段决策的基础上同时满足所在地域建设资金与资源约束的项目集合；

P_{F_i} —— 满足建设资金约束的项目集合；

P^2 —— 费用效益较大的项目集合；

P_{R_j} —— 满足资源约束的项目集合；

$P_{\max U_k}$ —— 费用效益较大的项目；

F_i —— i 项目的总投资；

F_r —— 项目所在地域的建设资金限额；

R_j —— 第j个项目的资源消耗；

R_s —— 项目所在地域的资源消费限额；

U_k —— 经过综合评价后项目的费用效益分析系数；

m —— 满足所在地域建设资金约束的项目个数；

n —— 满足所在地域资源约束的项目个数；

l —— 在所在地域建设资金、资源约束的前提下，经过综合评价，效益较大的项目个数。

（2）决策方法

政府部门第二阶段决策是对单个项目进行技术经济评价，其关键在于根据"环保税"相关规定以及项目相关社会影响对部分环境、社会指标进行货币量化，见表5-1。这是对传统费用效益分析进行的改进，可以实现环境、经济、社会多目标协调。村集体组织决策考虑环境、社会、经济目标，也会用到环境、社会指标货币量化的费用效益分析。因此本小节只介绍环境、社会指标货币量化方法。具体的费用-效益体系与费用-效益指标计算在本书"5.2村集体组织多目标决策模型构建"中详细说明。由于不同项目带动的社会效益不尽相同，因此只针对主要社会效益指标进行货币量化。

环境、社会指标货币量化[①] 表5-1

项目名称	参数取值	指标货币量化计算方法
大气污染物（二氧化硫、一氧化碳、氮氧化物、烟粉尘等）	1.2~12元/污染当量（京津冀等高污染地区按最高税额，陕甘宁按最低税额）	各污染物排放量/污染当量×单位税额
碳排放（二氧化碳）	40元/t（近七年碳交易价格中位值[80]）	二氧化碳减排量/超排量×单位税额

---

① 量化来源参考2016年12月25日第十二届全国人民代表大会常务委员会第二十五次会议通过的《中华人民共和国环境保护税法》。

续表

项目名称	参数取值	指标货币量化计算方法
声环境污染（噪声超标，以昼间不超过70dB，夜间不超过55dB为准）	超标1~3dB每月350元	（项目产生噪声分贝－规定噪声限额标准）×对应税额×项目施工期
	超标4~6dB每月700元	
	超标7~9dB每月1600元	
	超标10~12dB每月2800元	
	超标13~15dB每月5600元	
	超标16dB以上每月11200元	
水环境污染（以废水悬浮物为主要污染物）	1.4~14元/污染当量（京津冀等高污染地区按最高税额，陕甘宁按最低税额）	各类污染物排放量/污染当量×相应税额
pH污染影响（6~9不用交税）	0~1，13~14，0.06t污水	项目建设导致pH变化区间×对应污水换算/污水当量×税额
	1~2，12~13，0.125t污水	
	2~3，11~12，0.25t污水	
	3~4，10~11，0.5t污水	
	4~5，9~10，1t污水	
	5~6，5t污水	
固体废弃物污染（以煤矸石、尾矿、危险废物、粉煤灰等为主要污染物）	煤矸石5元/t	各污染物排放量/污染当量×相应税额
	尾矿15元/t	
	危险废物1000元/t	
	粉煤灰、炉渣等其他固体废物以25元/t计量	
禽畜养殖场	污染当量.牛0.1头、猪1头、鸡鸭等家禽30羽	平均存栏数/污染当量×对应污染税额
医院	消毒：0.14床~2.8t污水	医院消毒/不消毒床位数/污染当量×对应污水换算/污水当量×税额
	不消毒：0.07床~1.4t污水	
带动周边土地增值	学校可以以1:10带动周边土地增值	项目占地面积×相应比例×单位土地增值
增加社会隐形收入	人才培养带动隐形社会效益（如每个学生参加小学教育后每年多为社会增加收入1.2万元）	培养人才数×人均增加社会收入

5.1.3 第三阶段决策

第三阶段决策是在建设项目所在区域资金、资源有限的前提下，通过对符合第二阶段决策目标的项目进行优选，进而实现效益最大化，促进绿色宜居村镇建设。第三阶段决策结合政府部门决策模式下的指标体系，从环境、资源、经济、社会、信息、风险管控6个目标层面，综合多项指标对建设项目及方案进一步优选。结合前文提到的传统优劣解距离法（TOPSIS分析法）中逆序、贴近度相等问题，本研究在传统TOPSIS分析法的基础上加以改进，建立政府部门三阶段决策模式下第三阶段决策模型，实现项目及方案优选。

（1）项目费用效果指标量化分析（构造原始数据矩阵）

根据确定的政府部门决策模式下指标体系及相关评价方法计算出多个备选项目（m）的相应评价指标（n）原始数值，其中二氧化硫、氮氧化物、碳排放影响等需要计算的量化指标，根据项目本身特征计算得出其特征值；不能量化的指标由相关主体根据项目实际情况给出具体分值，进而结合多个指标特征值构造多个备选项目的原始数据矩阵$\{X_{ij}\}_{m\times n}$，见式（5-6）。

$$\{X_{ij}\}_{m\times n}=\begin{bmatrix} X_{11} & X_{12} & X_{13} & \cdots & X_{1n} \\ X_{21} & X_{22} & X_{23} & \cdots & X_{2n} \\ \vdots & \vdots & \vdots & & \vdots \\ X_{m1} & X_{m2} & X_{m3} & \cdots & X_{mn} \end{bmatrix} \quad (5-6)$$

（2）构造规范化矩阵

对原始数据进行式（5-7）处理，得到规范化后的矩阵$\{Y_{ij}\}_{m\times n}$。

$$Y_{ij}=X_{ij}\bigg/\sqrt{\sum_{i=1}^{n}X_{ij}^2} \quad (j=1,\cdots,m) \quad (5-7)$$

式中　Y_{ij} —— 第i个方案第j个指标的规范化数据；

　　　m —— 方案个数；

　　　n —— 指标个数。

（3）指标权重确定

使用因子分析法，对每个公因子的方差贡献率进行式（5-8）分析处理，即可得到每个公因子（目标准则层指标）的权重μ_i；每个公因子可以看作一个目标准则维度，其中各个指标权重的计算需要借助因子得分系数，每个公因子可通过对应多个指标的得分系数线性表示，见式（5-9），将各个指标的得分系数同样进行归一化处理，见式（5-10），即可得到隶属于每个公因子下各个指标的相对权重ω_{ij}，见式（5-11），实现了指标组合权重计算。

$$\mu_i = X_i / \sum X_i \quad (5-8)$$

式中 μ_i —— 第i个公因子的权重；
　　　i —— 公因子个数；
　　　X_i —— 方差贡献率。

$$Y_i = \partial_{i1} H_1 + \partial_{i2} H_2 + \partial_{i3} H_3 + \cdots + \partial_{in} H_n \quad (5-9)$$

式中 Y_i —— 第i个公因子的得分；
　　　∂_{in} —— 第i个公因子下第n个指标的得分系数；
　　　H_n —— 第i个公因子下第n个指标的得分；
　　　i —— 公因子个数；
　　　n —— 第i个公因子下对应的指标个数。

$$\sigma_{ij} = \partial_{ij} / \sum \partial_{ij} \quad (5-10)$$

式中 σ_{ij} —— 第i个公因子下对应指标的权重。

$$\omega_{ij} = \sigma_{ij} \times \mu_i \quad (5-11)$$

式中 ω_{ij} —— 第i个公因子下第j个指标的组合权重。

如后文第6章实证分析中介绍到第一个公因子环境的方差贡献率$X_{环境}$为19.260，六个公因子的总方差贡献率为ΣX_i 76.99，则第一个公因子环境的权重$\mu_{环境}$为19.26/76.99=0.25。按得分系数看，环境维度下第一个指标的权重$\sigma_{环境1}$为0.071，因此环境公因子下对应的第一个指标组合权重为

$\mu_{环境} \times \sigma_{环境1} = 0.0178$。

（4）加权规范化矩阵

规范化加权矩阵是在规范化矩阵的基础上考虑各个指标的重要程度（ω_i）影响，进而形成规范化加权矩阵$\{Z_{ij}\}_{m \times n}$，见式（5-12）。

$$\{Z_{ij}\}_{m \times n} = (\omega_i \cdot Y_{ij})_{m \times n} = \begin{bmatrix} Z_{11} & Z_{12} & Z_{13} & \cdots & Z_{1n} \\ Z_{21} & Z_{22} & Z_{23} & \cdots & Z_{2n} \\ \vdots & \vdots & \vdots & \vdots & \vdots \\ Z_{m1} & Z_{m2} & Z_{m3} & \cdots & Z_{mn} \end{bmatrix} \quad (5-12)$$

（5）确定正理想点与负理想点矩阵

传统方法中，正理想点矩阵取成本型指标最小值，效益型指标最大值；负理想点矩阵取成本型指标最大值，效益性指标最小值，见式（5-13）、式（5-14）。随着备选项目的变化，其正、负理想点矩阵也会发生变化，导致出现逆序现象。本书针对此问题进行改进。由于加权规范化后的数据都位于0~1，因此将1看作效益型指标与成本型指标的最大值，将0看作最小值，可确定两个理想点矩阵分别为$H^+ = (1, 1, 1, 1, \cdots, 1)$和$H^- = (0, 0, 0, 0, \cdots, 0)$，从一定程度解决了逆序问题，结合各指标权重，确定所有备选项目的加权正理想点与负理想点矩阵（$\{H'^+\}$和$\{H'^-\}$）。

$$H'^+_m = H_{ij\max}, j \in I_1; H_{ij\min}, j \in I_2 \quad (5-13)$$

$$H'^-_m = H_{ij\min}, j \in I_1; H_{ij\max}, j \in I_2 \quad (5-14)$$

式中 I_1 —— 效益型指标；

I_2 —— 成本型指标。

（6）计算备选项目与理想点的距离

选用欧式距离计算多个备选项目与正、负理想点的距离，通过式（5-15）与式（5-16），确定各个备选方案D_i^+和D_i^-。

$$D_i^+ = \sqrt{\sum_{i=1}^{n}\left(Z_{ij} - H_j^+\right)^2} \text{（其中} j=1,\cdots,m\text{）} \tag{5-15}$$

$$D_i^- = \sqrt{\sum_{i=1}^{n}\left(Z_{ij} - H_j^-\right)^2} \text{（其中} j=1,\cdots,m\text{）} \tag{5-16}$$

式中 D_i^+ —— 第i个方案与正理想点的欧式距离；

D_i^- —— 第i个方案与负理想点的欧式距离。

如后文第6章实证分析中，项目A的D_i^+为0.1121，D_i^-为0.0822。

（7）确定备选项目与正理想点的贴近度

当项目贴近度相同时，传统TOPSIS分析无法进行比较。因此在原先贴近度 $R_i = D_i^- / (D_i^+ + D_i^-)$ 定义上引入D_i^+，新的贴近度计算公式见式（5-17），贴近度越小，项目越优。

$$R_i = D_i^+ \times D_i^- / (D_i^+ + D_i^-) \tag{5-17}$$

5.2 村集体组织多目标决策模型构建

村集体组织决策项目特指由村集体自行出资建设的项目，大多数为非营利性项目，也有少部分的村集体产业项目（经营性项目）。此类项目的特征是项目规模较小、投资金额较少、决策流程简单，仅由村集体进行四议两公开决策。决策过程以群众及村集体发展需求为前提，进行项目提议与项目决策。村集体组织决策项目鉴于其自身公益性特征，一般无需进行环评、能评、风评，是在保护环境的相关约束下实现经济、社会效益最大化，每个目标准则层下对应的指标多为成本、效益型指标。因此进行村集体组织决策时，基于环境、社会指标货币量化，采用费用效益分析，判断项目的可行性，建立村集体组织决策模型。

5.2.1 费用效益体系分析

（1）费用体系

从产生方式上看，费用指标可分为两类：直接费用、间接费用。从各项成本用途来看费用指标可分为基本费用、辅助费用和潜在费用，基本费用是指项目全寿命周期用于建设运行的各项费用，包括项目建设成本与项目运行成本，项目建设成本与项目运行成本共同构成了项目的常规费用；辅助费用是指项目在建设全寿命周期所缴纳的增值税、所得税等各项税收，即项目纳税总额，可用项目年纳税总额表示；潜在费用是指项目在建设过程中对生态环境、社会造成的损失，主要是项目排放污染物所增加的环境成本，即环境和社会成本，也称外部成本。因此直接费用就是项目的常规费用与辅助费用之和，间接费用也就是项目的潜在费用。

传统的费用效益分析或费用效果分析中的费用指标只包含了项目建设的直接费用。本研究基于绿色宜居导向，在项目决策分析时引入环境和社会成本等潜在费用，将项目排放的有害物质污染包括大气污染、土地污染（废物排放导致土壤pH值的变化）、水环境污染（主要指悬浮物对水体的污染）、声环境污染、固废污染等导致的环境成本和社会成本进行货币量化分析，更真实、全面地反映建设项目成本。

（2）效益体系

从范围上看，效益指标可分为直接效益和间接效益。直接效益与间接效益统称为项目收入，可用项目年收入表示。从来源上看，效益指标可分为基本效益、派生效益、无形效益，其中基本效益是指项目主要产品或者主营业务的收入，一般以年为单位计量；派生效益是在基本效益外由项目副产品或者项目其他业务扩展带来的收入，通常也以年为计量单位；无形效益指通过项目建设带动就业人数增加，进而带动当地就业效果、带动当地产业发展以及丰富当地文化景观带来的文化景观效益、增加群众生活安全便利程度等提高群众生活质量增加的无形社会效益,加上项目通过采取节能减排等环保措施带来的节约能源效益以及某些环保项目改善当地生态环境质量带来的无形环境效益。基本效益与派生效益共同组成了项目的直接效益,间接效益就是项目的无形效益,包括无形社会效益和无形环境效益。

基本费用、辅助费用构成的直接费用与潜在费用指向的间接费用组成了村集体组织项目决策的费用体系。同样基本效益、派生效益构成的直接效益,无形效益指向的间接效益共同组成了项目决策的效益体系。费用体系与效益体系共同构成了项目费用效益评价体系。确定费效体系中各直接费用、直接效益,并根据不同项目选择各构成部分的指标参数将间接费用和间接效益对应指标进行货币量化,分别计算出项目的费用和效益,最终通过费用效益比进行费用效益评价,形成村集体组织决策模型(图5-2)。

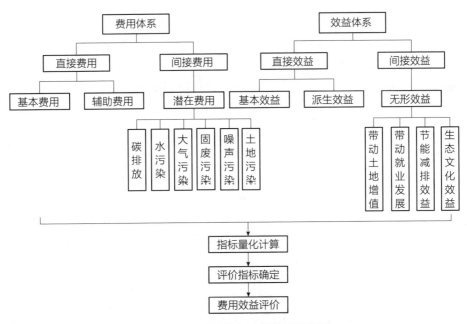

图5-2 村集体组织决策模型示意图

5.2.2 基于环境、社会目标货币量化的费用效益指标计算

（1）费用指标计算

1）基本费用。基本费用包括建设项目的建设成本和运行成本（也称维护成本），项目建设成本主要指项目在施工生产活动中产生的各项费用，包括项目建设投资、项目建设期利息；项目运行成本主要指项目竣工后在运营期间支出的各项费用，包括工资福利、维修费、管理费、水电邮费等日常费用，见式（5-18）。

$$\begin{cases} C_c = C_j + C_y \\ C_j = C_g + C_o + C_r \\ C_y = C_s + C_w + C_m + C_u \end{cases} \quad (5-18)$$

式中 C_c —— 项目的基本费用；

C_j —— 项目建设成本；

C_y —— 项目运行成本；

C_g —— 项目工程费用，包括项目建设过程中购买设备、工器具支出的费用、建筑安装费中的直接费、间接费；

C_o —— 项目建设期间其他费用，包括土地使用费以及项目建设前期的勘察设计费、施工人员培训、电费补贴等；

C_r —— 项目预备费，基本预备费主要是针对项目建设各阶段的可变动性，如设计变更、不可抗力等预留的费用；涨价预备费主要是针对市场变动预留的费用；

C_s —— 项目运营期招纳员工的工资支出，可引入影子工资系数进行调整；

C_w —— 项目运行期的维修费；

C_m —— 项目运行期的管理费；

C_u —— 项目运行期的水电邮等日常费用。

2）辅助费用。辅助费用是指项目在建设全寿命周期所缴纳的各项税收，用C_f表示，包括增值税、所得税、税金附加、消费税等各项税收，见式（5-19）。

$$C_f = T_v + T_i + T_s + T_c \tag{5-19}$$

式中　C_f —— 项目的各项税金；

　　　T_v —— 项目的增值税；

　　　T_i —— 项目的所得税；

　　　T_s —— 项目的税金附加；

　　　T_c —— 项目的消费税。

3）潜在费用。潜在费用一般指由于项目建设破坏生态环境而增加的环境成本以及影响当地社会所增加的社会成本。村集体组织项目一般结构较为简单、风险小，因此不用过多考虑其社会成本，只需考虑其环境成本，用C_q表示。参考本书5.1.2小节中量化方法，潜在费用主要考虑项目在建设过程中产生的噪声、二氧化硫、氮氧化物、碳排放、烟粉尘、废水悬浮物、固体废弃物污染、对土壤pH值的影响等作为项目的环境制约因素，量化标准参考相关政策标准通过式（5-20）计算。

$$\begin{cases} C_q = C_n + C_s + C_o + C_m + C_d + C_w + C_l + C_p + C_{os} \\ C_i = N_p \times T_i / P_e, \ i = (n, s, o, m, d, w) \\ C_l = \sum_{j=1}^{n} \left(l_j \times T_j \right) \\ C_p = P_k \times T_k \\ C_{os} = Q_o \times 40 \end{cases} \tag{5-20}$$

式中　C_q —— 环境成本；

　　　C_n —— 项目建设过程中产生超标噪声所增加的成本；

C_s —— 项目建设过程中排放二氧化硫所增加的成本，以每污染当量0.95kg为计量单位，1.2~12元为相应税额；

C_o —— 项目建设过程中排放氮氧化物所增加的成本，以每污染当量0.95kg为计量单位，1.2~12元为相应税额；

C_m —— 项目建设过程中排放一氧化碳所增加的成本，以每污染当量16.7kg为计量单位，1.2~12元为相应税额；

C_d —— 项目建设过程中产生烟粉尘所增加的成本，以每污染当量2.18kg为计量单位，1.2~12元为相应税额；

C_w —— 项目建设过程中产生废水所增加的成本，主要是废水悬浮物产生的影响，以每污染当量4kg为计量单位，1.4~14元为相应税额；

C_l —— 项目建设过程中产生的未按国家标准处置的固体废弃物产生的影响；

C_p —— 项目建设导致土壤pH值变化带来的影响；

C_{os} —— 二氧化碳超排费用；

N_p —— 噪声、二氧化硫、二氧化碳、氮氧化物、烟粉尘、废水悬浮物等有害气体的排放量；

T_i —— 各污染物对应的税额；

P_e —— 各污染物排放当量；

l_j —— 项目产生各类固体废弃物的数量；

T_j —— 各类固体废弃物的对应税额；

P_k —— 项目建设导致的土壤pH值；

T_k —— 该pH值对应的税额；

Q_o —— 二氧化碳超排量。

建设项目的费用就是其基本费用、辅助费用、潜在费用之和，通过式（5-21）计算，常规费用与辅助费用之和就是项目总投资，本书结合绿色宜居村镇建设项目要求，在传统费用效益分析的基础上考虑环境污染导致项目成本的增加，量化了建设项目的外部费用，使得村集体组织项目评价、项目决策更加绿色宜居。

$$C_\mathrm{T} = C_\mathrm{c} + C_\mathrm{f} + C_\mathrm{q} \quad (5-21)$$

式中　C_T——建设项目总费用；

C_c——项目的基本费用；

C_f——项目在建设全寿命周期所缴纳的各项税收，用作费用效益分析不考虑国民经济转移支付税收C_f的影响；

C_q——环境成本。

（2）效益指标计算

1）基本效益。基本效益是建设项目的主要收入来源，主要指项目运行期主产品或者主营业务带来的收入，用B_c表示，对于加工业项目，基本效益就是其主产品的销售收入，对于其他项目，基本效益就是其主营业务收入，用项目运行期每年出售物品的数量与物品市场价格的乘积作为项目每年的常规效益，见式（5-22）。

$$B_\mathrm{c} = \sum_{i=1}^{n} \left(Q_{a_i} \times P_i \right) \quad (5-22)$$

式中　i——项目主产品或者主营业务的种类；

Q_{a_i}——项目每年作为其主要产品或者在其主营业务范围内出售的物品数量；

P_i——项目出售物品的市场均价。

2）派生效益。派生效益与基本效益相对，是指项目运行期副产品或其他非主营业务带来的收入，用项目运行期每年出售的副产品数量或非主营业务范围内出售的物品数量与其市场平均价格的乘积表示项目的派生效益，见式（5-23）。

$$B_{\mathrm{p}}=\sum_{j=1}^{m}\left(Q_{a_j}\times P_j\right) \quad (5-23)$$

式中　B_{p} ——项目的派生效益；

　　　j ——项目副产品或者其他非主营业务的种类；

　　　Q_{a_j} ——项目每年主要产品之外的其他产品或者属于其主营业务范围之外的其他业务出售的物品数量；

　　　P_j ——项目出售此类物品的市场均价。

3）无形效益。无形效益即项目的间接效益，用 B_{w} 表示，主要包括社会效益以及环境效益。社会效益包括项目建设对周边经济的带动作用、项目建成后对当地就业的带动等，用 B_{s} 表示，其中项目建设对周边经济的带动作用可通过对土地增值的估算进行量化，项目建成后对当地就业的带动作用可通过带动就业人数与当地社会平均薪资的乘积来表示；环境效益主要指项目建设过程中通过某些环保措施达到节能减排的效果，用 B_{e} 表示，可通过项目节约的能源与市场能源均价的乘积反映，社会效益与环境效益之和就是项目的无形效益，可通过式（5-24）计算。

$$\begin{cases} B_{\mathrm{w}} = B_{\mathrm{s}} + B_{\mathrm{e}} \\ B_{\mathrm{s}} = L_{\mathrm{c}} \cdot V_{\mathrm{p}} + E_{\mathrm{d}} \cdot S_{\mathrm{a}} + S_{\mathrm{c}} \cdot P_{\mathrm{q}} + B_{\mathrm{i}} + B_{\mathrm{t}} \\ B_{\mathrm{e}} = E_{\mathrm{q}} \cdot E_{\mathrm{p}} + B_{\mathrm{q}} \end{cases} \quad (5-24)$$

式中　B_{w} ——项目无形效益，即间接效益；

　　　B_{s} ——项目社会效益；

　　　B_{e} ——项目环境效益；

　　　L_{c} ——项目建设带动周边土地的范围；

　　　V_{p} ——带动每亩土地增值价格；

　　　E_{d} ——项目运行期带动的就业人数；

　　　S_{a} ——就业人数的市场平均薪资；

　　　S_{c} ——节约每个群众生活成本；

P_q —— 使用群众人数;

B_i —— 带动相关产业效益增长;

B_t —— 由于技术扩散增加的社会经济效益;

E_q —— 项目通过环保措施节约的能源数量;

E_p —— 单位能源市场均价;

B_q —— 通过改善当地生态环境带来的效益。

建设项目的效益就是其基本效益、派生效益、无形效益三种之和,可通过式(5-25)计算,基本效益与派生效益之和就是常说的项目直接效益。本书结合绿色宜居村镇建设项目要求,在传统费用效益分析的基础上考虑社会生态效益,量化了建设项目的外部无形效益,使得村集体组织项目评价、项目决策更加绿色宜居。

$$B_T = B_c + B_p + B_w \quad (5-25)$$

式中 B_T —— 建设项目总效益;

B_c —— 建设项目的主营业务收入;

B_p —— 项目的派生效益;

B_w —— 建设项目无形效益或间接效益。

5.2.3 环境制约下费用效益评价

传统费用效益分析以 ENPV、EIRR、B/C 为评价指标,经济净现值(ENPV)≥0,同时经济内部收益率(EIRR)≥社会折现率(i_s),效益费用比(B/C)≥1,则该项目具有投资价值。本研究在传统费用效益评价的基础上考虑环境成本与社会生态效益,依旧选取 ENPV、EIRR、B/C 三个评价指标作为项目决策依据,在技术经济角度评判项目是否具有可行性,具体计算见式(5-26)、式(5-27)、式(5-28)。

$$ENPV = B_T - C_T = \sum_{i=1}^{n}\left[\frac{(B_c + B_w + B_p) - (C_c + C_q)}{(1+i_s)^i}\right] \quad (5-26)$$

$$\sum_{i=1}^{n}\left[\frac{B_{Ti} - C_{Ti}}{(1+EIRR)^i}\right] = 0 \quad (5-27)$$

$$K = B_T / C_T \quad (5-28)$$

式中　　i —— 建设项目计算期；

　　　　i_s —— 社会折现率；

　　　　B_T —— 项目收益累计净现值；

　　　　C_T —— 项目成本累计净现值。

5.3　本章小结

本章在政府部门决策与村集体组织决策指标体系的基础上，依据相关方法将部分环境、社会指标进行货币量化分析。首先，根据政府部门决策流程构建三阶段决策模型，第一阶段针对需要进行"一票否决"的项目；第二阶段从技术经济方面判断项目可行性；第三阶段对费用效益、费用效果指标综合分析，进行改进TOPSIS决策。其次，分析村集体组织决策项目的费用效益体系，构建环境制约下的费用效益评价模型，促进多目标协调，为实证分析奠定模型基础。

6 某镇热源工程项目多目标决策案例实证分析

6.1 项目介绍

为了验证绿色宜居村镇建设项目多目标决策模型的有效性，从西北地区某县各集镇申报项目中选取3个同类项目进行多目标决策分析。项目决策分析的数据来源为建设项目可行性研究报告。

（1）项目A：甲镇热源厂工程

甲镇域供热条件较差，为满足集中供热条件，提高供热效率，特申请建设热源厂工程。项目占地49.16亩，计划供热205万m^2，采用锅炉房作为供热的热源，建设内容包括锅炉房、机房、输煤廊、综合楼、脱硫房、泵房等各一个，以及相应配套供热管网。甲镇经济基础较薄弱，项目需要上级政府财政专项投入，同时通过社会资本、银行贷款多方筹资，其中银行贷款占比80%，地方政府、社会资本共同出资20%。项目总投资31033.8万元（第1年初投入），其中包括建设期利息593.64万元，流动资金21.43万元。项目建设期1年，运营期20年，项目计算期共计21年。项目运营期分近期与远期两阶段，近期指项目建成达到生产能力后的前4年，远期指运营期5~20年。社会折现率（i_s）取8%。项目达到生产能力后，近期每年耗燃煤量54910.62t，远期每年61011.8t。建设及运营期的主要环境污染包括设备运行噪声、煤燃烧产生的烟尘、二氧化硫、氮氧化物、二氧化碳等大气污染物，以及锅炉燃烧后形成的炉渣等，相比一家一户分散取暖，项目具有一定的环境和社会效益。项目A环境目标维度指标的排放数量见表6-1。

（2）项目B：乙镇域烧煤供暖项目

本烧煤供暖项目占地55.85亩，计划供热320万m^2，同样采用锅炉房作为供热的热源，建设内容包括热网主干线、主厂房、锅炉房、输煤、电气等多个系统。项目建设投资中8000万元由业主方进行银行贷款，剩余部分由政府、企业自筹。共计投资22930.49万元（第1年初投入），其中建设期利息512万元，流动资金86.18万元。项目分两期进行投资，一期15084.62万元，

项目A环境目标维度指标的排放数量　　　　表6-1

环境目标维度指标	噪声影响程度	二氧化硫排放影响	氮氧化物排放影响	产生烟粉尘影响	碳排放影响	废水排放影响	固体废弃物排放影响
		大气污染物排放影响					
代码	A11	A21	A22	A24	A23	A41	A42
指标数量	110dB	2~5年产生大气污染物平均933950污染当量/年；6~21年产生大气污染物平均1035200污染当量/年			2~5年项目燃煤量54910.62t/年，产生二氧化碳143865t/年；6~21年项目燃煤量为61011.8t/年，产生二氧化碳159850t/年	0	平均产生炉渣8848t/年

注：消耗1t煤按排放2.62t二氧化碳计算。

二期7845.87万元。项目建设期2年，运营期计18年，其中近期为5年，远期13年，项目计算期共计20年。社会折现率（i_s）取8%。项目燃烧贫煤转化标准煤为48255.54t/年，在锅炉燃烧时，未对大气污染物以及燃煤后的炉渣进行相应专业处理，此外项目建成后也会产生一定的工业废水，工作人员产生的生活垃圾，都会造成一定的环境污染。项目B环境目标维度指标的排放数量见表6-2。

项目B环境目标维度指标的排放数量　　　　表6-2

环境目标维度指标	噪声影响程度	二氧化硫排放影响	氮氧化物排放影响	产生烟粉尘影响	碳排放影响	废水排放影响	固体废弃物排放影响
		大气污染物排放影响					
代码	A11	A21	A22	A24	A23	A41	A42
指标数量	90dB	3~20年产生大气污染物平均4787250污染当量/年			3~20年项目燃煤量为48255.54t/年，产生二氧化碳126430t/年	产生废水4320污染当量/年	平均产生炉渣26300t/年

注：消耗1t煤按排放2.62t二氧化碳计算。

（3）项目C：丙镇域集中供暖工程

该项目针对现有区域内的锅炉进行集中改造，主要为镇域范围内的居民小区、中小学校、各类商家提供冬季集中供暖。项目C建成后头两年可供热180万m^2，两年后供热面积可达240万m^2。建设内容包括供热主管网、二次改造管网、附属用房、仓库、节能管理中心等。项目资金全部由当地政府部门与企业出资，建设期利息为0，流动资金150万元，项目计划总投资22111.19万元（第1年初投入）。项目整个建设期2年，运营期不分近远期共计21年，计算期共计23年。社会折现率（i_s）取8%。项目达到生产能力后每年因供热燃烧煤转化为标准煤38937.34t/年，选择节能工艺，加强设备耗能管理，热网采用计算机实时控制，但由于燃煤项目运行时会对环境造成些许污染。项目C环境目标维度指标的排放数量见表6-3。

项目C环境目标维度指标的排放数量　　表6-3

环境目标维度指标	噪声影响程度	二氧化硫排放影响	氮氧化物排放影响	产生烟粉尘影响	碳排放影响	废水排放影响	固体废弃物排放影响
		大气污染物排放影响					
代码	A11	A21	A22	A24	A23	A41	A42
指标数量	90dB	3~23年产生大气污染物平均664250污染当量/年			3~23年项目燃煤量为38937.34t/年，产生二氧化碳102015t/年	0	平均产生炉渣7528t/年

注：消耗1t煤按排放2.62t二氧化碳计算。

三个项目的采暖期统一按130天/年计算。

项目A、B、C都涉及政府投资，总投资规模较大，且项目都涉及污染物排放，因此由县级政府部门使用三阶段决策模式进行项目决策。

6.2 项目指标权重确定

6.2.1 目标维度权重确定

将政府部门多目标决策指标调查问卷得分数据输入SPSS因子分析软件，可提取环境、资源、经济、社会、信息、风险管控6个一级指标的旋转后贡献率，对6个一级指标进行归一化处理，即可得到政府决策模式下6个一级指标的权重（表6-4）。

一级指标权重表　　　　　　表6-4

	环境	资源	经济	社会	信息	风险管控	总计
贡献率（%）	19.260	11.869	9.271	14.199	9.224	13.167	76.99
权重（μ_i）	0.250	0.154	0.121	0.184	0.120	0.171	1

6.2.2 各维度指标权重计算

（1）环境目标维度指标权重计算

环境目标维度对应噪声影响程度、是否有降噪措施、二氧化硫排放影响等A11～A52共12个指标，同理将政府部门多目标决策指标调查问卷得分数据输入SPSS因子分析软件，可得到12个指标的得分系数，对得分系数进行式（5-10）的归一化处理，可得各指标的权重。环境目标维度各指标权重计算见表6-5。

环境目标维度多指标权重　　　　　　表6-5

指标	A11	A12	A21	A22	A23	A24	A31	A32	A41	A42	A51	A52	总计
得分系数	0.084	0.085	0.104	0.105	0.104	0.097	0.105	0.102	0.106	0.100	0.103	0.095	1.19
维度内权重（σ_{ij}）	0.071	0.071	0.087	0.088	0.087	0.082	0.088	0.086	0.089	0.084	0.087	0.080	1

（2）资源目标维度指标权重计算

资源目标维度下对应所在地能源供应情况、单位面积能耗、占当地能源消费量比例等B11~B32共6个指标，同理将政府部门多目标决策指标调查问卷得分数据输入SPSS因子分析软件，可得到6个指标的得分系数，根据式（5-10）对得分系数进行归一化处理，可得各指标的权重。资源目标维度各指标的权重计算见表6-6。

资源目标维度多指标权重　　　　　　　　　表6-6

指标	B11	B12	B13	B21	B31	B32	总计
得分系数	0.186	0.197	0.202	0.179	0.199	0.200	1.163
维度内权重（σ_{ij}）	0.160	0.169	0.174	0.154	0.171	0.172	1

（3）经济目标维度指标权重计算

经济目标维度下对应净现值、内部收益率、单位面积成本等C11~C22共5个指标，同理将政府部门多目标决策指标调查问卷得分数据输入SPSS因子分析软件，可得到3个指标的得分系数，对得分系数进行式（5-10）的归一化处理，可得各指标的权重。经济目标维度各指标的权重计算见表6-7。

经济目标维度多指标权重　　　　　　　　　表6-7

指标	C11	C12	C13	C21	C22	总计
得分系数	0.218	0.223	0.235	0.232	0.228	1.136
维度内权重（σ_{ij}）	0.192	0.196	0.207	0.204	0.201	1

（4）社会目标维度指标权重计算

社会目标维度下对应群众需求程度、当地风俗文化适应性、不同利益群体适应性等D11~D32共6个指标。同理，将政府部门多目标决策指标调查问卷得分数据输入SPSS因子分析软件，可得到6个指标的得分系数，对得分系数进行式（5-10）的归一化处理，可得各指标的权重。社会目标维度各指标的权重计算见表6-8。

社会目标维度多指标权重　　　　　表6-8

指标	D11	D12	D21	D22	D31	D32	总计
得分系数	0.197	0.182	0.197	0.203	0.190	0.186	1.155
维度内权重（σ_{ij}）	0.171	0.158	0.171	0.176	0.165	0.161	1

（5）信息目标维度指标权重计算

信息目标维度下对应智能设备配置、节能设备配置、是否推动当地信息建设等E11～E33共7个指标，同理将政府部门多目标决策指标调查问卷得分数据输入SPSS因子分析软件，可得到7个指标的得分系数，对得分系数进行式（5-10）的归一化处理，可得各指标的权重。信息目标维度各指标的权重计算见表6-9。

信息目标维度多指标权重　　　　　表6-9

指标	E11	E12	E21	E22	E31	E32	E33	总计
得分系数	0.159	0.162	0.166	0.162	0.159	0.163	0.160	1.131
维度内权重（σ_{ij}）	0.141	0.143	0.147	0.143	0.141	0.144	0.141	1

（6）风险管控目标维度指标权重计算

风险管控目标维度下对应环境影响风险、安全生产风险、社会稳定风险等F11～F41共8个指标，同理将政府部门多目标决策指标调查问卷得分数据输入SPSS因子分析软件，可得到8个指标的得分系数，对得分系数进行式（5-10）的归一化处理，可得各指标的权重。风险管控目标各指标的权重计算见表6-10。

风险管控目标维度多指标权重　　　　　　　表6-10

指标	F11	F12	F21	F22	F23	F31	F32	F41	总计
得分系数	0.141	0.160	0.144	0.139	0.147	0.142	0.130	0.145	1.148
维度内权（σ_{ij}）	0.125	0.124	0.128	0.123	0.130	0.126	0.115	0.129	1

6.2.3 指标组合权重确定

采用组合权重法，即每个目标权重（μ_i）与目标维度下的指标权重（σ_{ij}）的乘积（ω_{ij}）作为44个指标的权重，政府部门决策模式下多指标权重见表6-11。

政府部门决策模式下多指标权重　　　　　　　表6-11

目标维度	目标维度权重（μ_i）	对应指标	维度指标权重（σ_{ij}）	指标组合权重（ω_{ij}）
环境（A）	0.250	噪声影响程度（A11）	0.071	0.0178
		是否有降噪措施（A12）	0.071	0.0178
		二氧化硫排放影响（A21）	0.087	0.0218
		氮氧化物排放影响（A22）	0.088	0.0220
		碳排放影响（A23）	0.087	0.0218
		产生烟粉尘影响（A24）	0.082	0.0205
		对土壤酸碱化的影响（A31）	0.088	0.0220
		对周围植被的影响（A32）	0.086	0.0215
		废水排放影响（A41）	0.089	0.0223
		固体废弃物排放影响（A42）	0.084	0.0210
		水土保持措施（A51）	0.087	0.0218
		污水处理措施（A52）	0.080	0.0200

续表

目标维度	目标维度权重 (μ_i)	对应指标	维度指标权重 (σ_{ij})	指标组合权重 (ω_{ij})
资源（B）	0.154	所在地能源供应情况（B11）	0.160	0.0246
		单位面积能耗（B12）	0.169	0.0260
		占当地能源消费量比例（B13）	0.174	0.0268
		建筑系数（B21）	0.154	0.0237
		节能技术措施（B31）	0.171	0.0263
		节能管理措施（B32）	0.172	0.0265
经济（C）	0.121	净现值（C11）	0.192	0.0232
		内部收益率（C12）	0.196	0.0237
		单位面积成本（C13）	0.207	0.0250
		项目年收入（C21）	0.204	0.0247
		项目年纳税总额（C22）	0.201	0.0243
社会（D）	0.184	是否满足相关政策要求（D11）	0.171	0.0315
		群众需求程度（D12）	0.158	0.0291
		当地风俗文化适应性（D21）	0.171	0.0315
		不同利益群体适应性（D22）	0.176	0.0324
		带动就业人数（D31）	0.165	0.0304
		带动当地产业发展（D32）	0.161	0.0296
信息（E）	0.120	配套设施设置是否合理（E11）	0.141	0.0169
		是否影响当地设施（E12）	0.143	0.0172
		智能设备配置（E21）	0.147	0.0176
		节能设备配置（E22）	0.143	0.0172
		施工技术先进性（E31）	0.141	0.0169
		是否建设数字化信息平台（E32）	0.144	0.0173
		是否推动当地信息建设（E33）	0.141	0.0169

续表

目标维度	目标维度权重（μ_i）	对应指标	维度指标权重（σ_{ij}）	指标组合权重（ω_{ij}）
风险管控（F）	0.171	项目危害因素影响程度（F11）	0.125	0.0214
		是否可能构成重大污染源（F12）	0.124	0.0212
		社会稳定风险（F21）	0.128	0.0219
		环境影响风险（F22）	0.123	0.0210
		安全生产风险（F23）	0.130	0.0222
		管控机制完善程度（F31）	0.126	0.0215
		安全事故应急措施（F32）	0.115	0.0197
		风险转移措施（F43）	0.129	0.0221

6.3 项目三阶段决策

6.3.1 第一阶段决策

（1）环境目标决策

《中华人民共和国环境影响评价法》第十六条规定：国家根据建设项目对环境的影响程度，对建设项目的环境影响评价实行分类管理。可能造成重大环境影响的，应当编制环境影响报告书，对产生的环境影响进行全面评价；可能造成轻度环境影响的，应当编制环境影响报告表，对产生的环境影响进行分析或者专项评价；对环境影响很小、不需要进行环境影响评价的，应当填报环境影响登记表。建设项目的环境影响评价分类管理名录，由国务院生态环境主管部门制定并公布。

《建设项目环境影响评价分类管理名录》（环境保护部令第44号）第92条规定，热力生产和供应工程中的燃煤、燃油锅炉总容量65t/h（不含）以上需编制建设项目环境影响报告；其他（电热锅炉除外）编制建设项目环境影响报告表。

根据《中华人民共和国环境影响评价法》和《建设项目环境影响评价分类管理名录》的相关规定，本实证分析项目A、项目B、项目C必须编制建设项目环境影响报告和建设项目环境影响报告表。由于三个项目都属于变分散取暖为集中取暖，边际排污量趋于减少，环境影响评价都得到了政府有关部门的批准。限于篇幅，具体过程不再呈现。

（2）资源目标决策

根据《中华人民共和国节约能源法》，本实证分析项目A、项目B、项目C均进行了节能评估，并接受了节能审查。由于项目能源消耗和能效水平在允许范围内，且节能措施到位，节能评估顺利通过。限于篇幅，具体过程不再呈现。

（3）风险目标决策

根据《中华人民共和国环境保护法》和《中华人民共和国环境影响评价法》，本实证分析项目不涉及有毒有害和易燃易爆危险物品生产、使用、储备，环境风险较低，不需要进行环境风险评价；本实证分析项目不属于矿山、金属冶炼建设项目和用于生产、储存、装卸危险物品的建设项目，安全风险较低，不需要进行安全评价；西北地区冬季寒冷，本实证分析项目属于为民办实事的民心工程，已获得绝大多数群众理解支持，社会稳定风险等级较低，因此风险目标决策也顺利通过。

通过第一阶段决策后，项目进入第二阶段决策程序。

6.3.2 第二阶段决策

由于本实证分析项目为公共配套设施建设，属非营利项目，间接效益明显，第二阶段决策主要是采用费用效益指标进行环境制约下的项目国民经济评价。

本实证分析在进行项目费用效益评价时，首先根据项目实际情况整理出效益费用现金流量表；其次对费用效益指标进行量化分析；最后计算费用效益评价指标，进行项目国民经济评价。由于市场秩序良好，供需基本平衡，项目的费用、效益指标均采用现行市场价格，无需进行影子价格调整。

（1）项目效益费用现金流量

1）项目A

项目A总投资31033.8万元，包括建设投资30418.73万元，建设期利息593.64万元，流动资金21.43万元。由于国民经济评价中国内贷款利息属转移支付，利息应从总投资中剔除，不参与现金流出计算，故项目A总投资为30440.16万元。由于国民经济评价中税金也属转移支付，故项目A每年上缴的853.99万元税金也不参与现金流出计算。考虑环境成本的情况下，按照对应额度缴纳，则项目建成后由于每年燃煤（近期54910.62t/年、远期61011.8t/年）导致二氧化碳、二氧化硫、氮氧化物等有害物质排放，同时每年还会产生一定的废弃灰渣（近期8844.89t/年、远期10613.87t/年）将各类污染按照本书5.1.2节、5.2.2节方法进行量化计算，则项目A运行期的环境成本包括：

①声环境污染（设备运行噪声110dB）（超标）537.6万元/年。具体计算过程为：声环境超标污染（110-70）×11200×12=537.6万元/年。

②大气污染成本（二氧化硫、氮氧化物、烟粉尘等）121.794万元/年。具体计算过程为：2~5年产生大气污染物平均933950污染当量/年，6~21年平均1035200污染当量/年，大气污染物成本：（933950×4+1035200×16）×1.2/20=121.794万元/年。

③碳排放平均626.612万元/年。具体计算过程为：2~5年项目燃煤量为54910.62t/年，产生二氧化碳143865t/年，6~21年为61011.8t/年，产生二氧化碳159850t/年，碳排放年均费用：（143865×4+159850×16）×40/20=626.612万元/年。

④燃煤炉渣造成的固体废物污染22.12万元/年。具体计算过程为：项目

计算期内平均产生炉渣8848t/年，产生成本8848×25=22.12万元/年。

项目A每年直接费用效益见表6-12，每年费用效益见表6-13。

项目A直接费用效益现金流量表（万元） 表6-12

序号	项目	合计（0年累计折现值）	计算期21年						
			建设期		生产运行期20年				
			0	1	2	3	4	5	6~21
一	现金流入	80251.49			5805	6772.5	7740	8707.5	9675
1	项目收益	80251.49			5805	6772.5	7740	8707.5	9675
1.1	直接收入	80251.49			5805	6772.5	7740	8707.5	9675
二	现金流出	67419.94	30440.16		3601.38	3320.18	3671.44	4022.7	4286.14
2	项目总投资	30440.16	30440.16						
2.1	建设投资	30418.73	30418.73						
2.2	流动资金	21.43	21.43						
3	项目经营成本	36979.78			3601.38	3320.18	3671.44	4022.7	4286.14
3.1	直接经营成本	36979.78			3601.38	3320.18	3671.44	4022.7	4286.14
三	净现金流量	12831.55	-30440.16		2203.62	3452.32	4068.56	4684.8	5388.86

ENPV=12831.55　　　　　EIRR=12.14%　　　　　B/C=1.19

注：投资和流动资金遵循年初习惯法，收益和成本遵循年末习惯法。数据精确至小数点后两位。

项目A费用效益现金流量表（万元）　　　表6-13

序号	项目	合计（0年累计折现值）	建设期		生产运行期20年				
			0	1	2	3	4	5	6~21
一	现金流入	87605.07	0	0	6613.90	7581.40	8548.90	9516.40	10483.90
1	项目收益	87605.07			6613.90	7581.40	8548.90	9516.40	10483.90
1.1	直接收入	80251.49			5805.00	6772.50	7740.00	8707.50	9675.00
1.2	环境效益	7353.58			808.90	808.90	808.90	808.90	808.90
二	现金流出	79714.72	30440.16	537.60	4848.63	4567.43	4918.69	5269.95	5609.48
2	项目总投资	30440.16	30440.16						
2.1	建设投资	30418.73	30418.73						
2.2	流动资金	21.43	21.43						
3	项目经营成本	49274.56		537.60	4848.63	4567.43	4918.69	5269.95	5609.48
3.1	直接经营成本	36979.78			3601.38	3320.18	3671.44	4022.70	4286.14
3.2	环境成本	12294.78		537.60	1247.25	1247.25	1247.25	1247.25	1323.34
三	净现金流量	7890.35	-30440.1	-537.6	1765.27	3013.97	3630.21	4246.45	4874.42
	ENPV=7890.35				EIRR=10.59%			B/C=1.10	

2）项目B

项目B的总投资包括建设投资22332.31万元，建设期利息512万元，流动资金86.18万元。由于国民经济评价中国内贷款利息属转移支付，利息应从总投资中剔除，不参与现金流出计算，故项目B总投资为22418.49万元。由于国民经济评价中税金也属转移支付，故项目B每年上缴的396.86万元税金也不参与现金流出计算。在考虑环保成本的情况下，按照货币量化方法以对应额度缴纳，则项目B运行期的环境成本包括：

①声环境污染（设备运行噪声90dB）268.8万元/年，具体计算过程：声环境污染（90-70）×11200×12=268.8万元/年。

②燃煤造成大气污染成本574.47万元/年。具体计算过程：3~20年产生大气污染物平均4787250污染当量/年，大气污染物成本：4787250×1.2=574.47万元/年。

③燃煤形成碳排放成本505.72万元/年。具体计算过程：3~20年项目燃煤量为48255.54t/年，产生二氧化碳126430t/年，碳排放年均费用：126430×40=505.72万元/年。

④项目运行期废水污染0.6万元/年。具体计算过程：3~20年产生废水4320×1.4=0.6万元/年。

⑤燃煤炉渣造成的固体废物污染65.75万元/年。具体计算过程：项目计算期内平均产生炉渣26300t/年，产生成本26300×25=65.75万元/年。

项目B每年直接费用效益见表6-14，每年费用效益见表6-15。

项目B直接费用效益现金流量表（万元）　　　　　表6-14

序号	项目	合计（0年累计折现值）	计算期20年							
			建设期		生产运行期18年					
			0	1~2	3	4	5	6	7	8~20
一	现金流入	60230.90	0	0	5350.08	6350.08	6700.16	6700.16	6700.16	8375.21
1	项目收益	60230.90			5350.08	6350.08	6700.16	6700.16	6700.16	8375.21
1.1	直接收入	60230.90			5350.08	6350.08	6700.16	6700.16	6700.16	8375.21

续表

序号	项目	合计（0年累计折现值）	计算期20年						
			建设期		生产运行期18年				
			0	1~2	3	4	5	6	7	8~20
二	现金流出	62700.53	22418.49	0	2452.03	2462.09	4742.63	4735.56	4760.14	5970.88
2	项目总投资	22418.49	22418.49							
2.1	建设投资	22332.31	22332.31							
2.2	流动资金	86.18	86.18							
3	项目经营成本	40282.04			2452.03	2462.09	4742.63	4735.56	4760.14	5970.88
3.1	直接经营成本	40282.04			2452.03	2462.09	4742.63	4735.56	4760.14	5970.88
三	净现金流量	-2469.63	-22418.49	0	2898.05	3887.99	1957.53	1964.60	1940.02	2404.33

ENPV= -2469.63　　　EIRR=6.66%　　　BIC=0.96

注：投资和流动资金遵循年初习惯法，收益和成本遵循年末习惯法。

项目B费用效益现金流量表（万元）　　　表6-15

序号	项目	合计（0年累计折现值）	计算期20年						
			建设期		生产运行期18年				
			0	1~2	3	4	5	6	7	8~20
一	现金流入	65942.58	0	0	6060.94	7060.94	7411.02	7411.02	7411.02	9086.07
1	项目收益	60230.90			6060.94	7060.94	7411.02	7411.02	7411.02	9086.07
1.1	直接收入	60230.90			5350.08	6350.08	6700.16	6700.16	6700.16	8375.21
1.2	环境收益	5711.68			710.86	710.86	710.86	710.86	710.86	710.86

续表

序号	项目	合计（0年累计折现值）	计算期20年							
			建设期		生产运行期18年					
			0	1~2	3	4	5	6	7	8~20
二	现金流出	74551.96	22418.49	268.80	3867.37	3877.43	6157.97	6150.90	6175.48	7386.22
2	项目总投资	22418.49	22418.49							
2.1	建设投资	22332.31	22332.31							
2.2	流动资金	86.18	86.18							
3	项目经营成本	52133.47	0	268.80	3867.37	3877.43	6157.97	6150.90	6175.48	7386.22
3.1	直接经营成本	40282.04			2452.03	2462.09	4742.63	4735.56	4760.14	5970.88
3.2	环境成本	11851.43		268.80	1415.34	1415.34	1415.34	1415.34	1415.34	1415.34
三	净现金流量	-8609.38	-22418.49	-268.80	2193.57	3183.51	1253.05	1260.12	1235.54	1699.85

ENPV= -8609.38   EIRR=2.89%   B/C=0.88

注：投资和流动资金遵循年初习惯法，收益和成本遵循年末习惯法。

3）项目C

项目C的总投资包括建设投资21961.19万元，均由当地政府部门及企业出资建设，另有流动资金150万元。由于国民经济评价中税金也属转移支付，故项目C每年上缴的1360.42万元的税金不参与现金流出计算。按照相应方法将环境成本量化分析，以对应额度缴纳，则项目C运行期的环境成本包括：

①由于设备运行导致的声环境污染（噪声90dB）成本268.8万元/年。具体计算过程：声环境污染（90-70）×11200×12=268.8万元/年。

②燃煤形成的大气污染成本79.71万元/年。具体计算过程：3~23年

产生大气污染物平均664250污染当量/年，大气污染物成本：664250×1.2=79.71万元/年。

③燃煤造成的碳排放成本408.06万元/年。具体计算过程：3~23年项目燃煤量为38937.34t/年，产生二氧化碳102015t/年，碳排放年均费用：102015×40=408.06万元/年。

④燃煤炉渣产生的固体废物成本18.82万元/年。具体计算过程：项目计算期内平均产生炉渣7528t/年，产生成本7528×25=18.82万元/年

项目C每年直接费用效益见表6-16，每年费用效益见表6-17。

项目C直接费用效益现金流量表（万元）　　　表6-16

序号	项目	合计 （0年累计折现值）	计算期23年		
			建设期		生产运行期21年
			0	1~2	3~23
一	现金流入	74372.44	0	0	8660.25
1	项目收益	74372.44			8660.25
1.1	直接收入	74372.44			8660.25
二	现金流出	60189.98	22111.19	0	0
2	项目总投资	22111.19	22111.19		
2.1	建设投资	21961.19	21961.19		
2.2	流动资金	150	150		
3	项目经营成本	38078.79	0	0	4434.06
3.1	直接经营成本	38078.79			4434.06
三	净现金流量	14182.46	-22111.19	0	4226.19

ENPV=14182.46　　　　EIRR=13.78%　　　　BIC=1.24

注：投资和流动资金遵循年初习惯法，收益和成本遵循年末习惯法。

项目C费用效益现金流量表（万元） 表6-17

序号	项目	合计 （0年累计折现值）	计算期23年		
			建设期		生产运行期21年
			0	1~2	3~23
一	现金流入	79298.32	0	0	9233.84
1	项目收益	79298.32			9233.84
1.1	直接收入	74372.45			8660.25
1.2	环境收益	4925.87			573.59
二	现金流出	67328.22	22111.19	268.80	5209.45
2	项目总投资	22111.19	22111.19		
2.1	建设投资	21961.19	21961.19		
2.2	流动资金	150	150		
3	项目经营成本	45217.02			5209.45
3.1	直接经营成本	38078.79			4434.06
3.2	环境成本	7138.23		268.80	775.39
三	净现金流量	11970.10	-22111.19	-268.80	4024.39
ENPV=11970.10			EIRR=12.90%		B/C=1.18

（2）项目费用效益评价

项目A、B、C的ENPV、EIRR以及B/C的计算见表6-18。三个项目都属于公共基础设施，由于三个项目都是集中供暖，比散煤燃烧取暖的热效率高，减少了燃煤量，有一定的环境收益。同时燃煤形成的有害气体会对大气、水等生态环境造成污染，设备运行也会形成一定噪声污染，因此有必要考虑项目建设对当地环境形成污染增加的环境成本，即项目的潜在费用，按相关政策对应缴纳标准量化。从计算结果可得出，考虑环境成本和环境收益后，A、B、C的项目的国民经济评价指标均有下降，但项目A与项目C的ENPV均大于0，EIRR均大于8%，B/C均大于1，则项目A与项目C在技术经济上均具有可行性，可进入第三阶段决策。项目B在不考虑环境成本和环境收益时国民经济评价结果就不可行，$ENPV<0$，$EIRR<8\%$，$B/C<1$，在考虑环境成本和环境收益后国民经济评价结果更为劣化，则在绿色宜居目标导向下不具有经济可行性，予以淘汰。

项目费用效益评价（万元） 表6-18

不考虑环境目标	项目A	项目B	项目C	考虑环境目标	项目A	项目B	项目C
1. 基本费用	35193.5	28306.82	26545.25	1. 基本费用	35193.5	28306.82	26545.25
1.1 项目总投资	31033.8	22930.49	22111.19	1.1 项目总投资	31033.8	22930.49	22111.19
建设期利息	593.64	512	0	建设期利息	593.64	512	0
剔除建设期利息后的总投资	30440.16	22418.49	22111.19	剔除建设期利息后的总投资	30440.16	22418.49	22111.19
1.2 项目运行成本（万元/年）	4159.70	5376.33	4434.06	1.2 项目运行成本（万元/年）	4159.70	5376.33	4434.06
2. 税金辅助费用（万元/年）	853.99	396.86	1360.42	2. 辅助费用（万元/年）	853.99	396.86	1360.42
剔除税金后的辅助费用	0	0	0	剔除税金后的辅助费用	0	0	0
3. 潜在费用（万元/年）	—	—	—	3. 潜在费用（万元/年）	1247.25	1415.34	775.39
3.1 碳排放费用（万元/年）	—	—	—	3.1 碳排放费用（万元/年）	575.46	505.72	408.06
3.2 大气污染费用（万元/年）	—	—	—	3.2 大气污染费用（万元/年）	112.07	574.47	79.71
3.3 水污染费用（万元/年）	—	—	—	3.3 水污染费用（万元/年）	0	0.6	0
3.4 声环境污染费用（万元/年）	—	—	—	3.4 声环境污染费用（万元/年）	537.60	268.8	268.8
3.5 固体废物污染费用（万元/年）	—	—	—	3.5 固体废物污染费用（万元/年）	22.12	65.75	18.82
费用累计现值（C_T）	67419.94	62700.53	60189.98	费用累计现值（C_T）	79714.72	74551.96	67328.22
4. 项目直接收入（万元/年）	9191.25	7815.47	8660.25	4. 项目直接收入（万元/年）	9191.25	7815.47	8660.25

续表

不考虑环境目标	项目A	项目B	项目C	考虑环境目标	项目A	项目B	项目C
5. 无形效益（万元/年）	—	—	—	5. 无形效益（万元/年）	808.90	710.86	573.59
效益累计现值（B_T）	80251.49	60230.90	74372.44	效益累计现值（B_T）	87605.07	65942.58	79298.32
经济净现值（ENPV）	12831.55	-2469.63	14182.46	经济净现值（ENPV）	7890.35	-8609.38	11970.10
经济内部收益率（EIRR）	12.14%	6.66%	13.78%	经济内部收益率（EIRR）	10.59%	2.89%	12.90%
效益费用比（K）	1.19	0.96	1.24	效益费用比（K）	1.10	0.88	1.18

在进行项目评价时，剔除掉建设期利息、税金等转移支付的影响。量化无形效益和潜在成本，分别对不考虑环境目标与考虑环境目标制约两种情况讨论，从计算结果可得：考虑环境目标制约后，项目的ENPV、EIRR、B/C（K）均有不同程度的减少，项目A的ENPV由12831.55降到7890.35，降低约38.5%；EIRR由12.14%降为10.59%，降低约13%；B/C（K）由1.19降为1.10，降低约7.6%。项目C的ENPV由14182.46降为11970.10，降低约15.6%；EIRR由13.78%降为12.90%，降低约6.3%；B/C（K）由1.24降为1.18，降低约4.8%。项目B的ENPV由-2469.63降到-8609.38，降低约249%；EIRR由6.66%降为2.89%，降低约57%；B/C（K）由0.96降为0.88，降低约8%，项目B的ENPV、EIRR与B/C（K）在考虑环境目标制约前后都未达到相关标准，不具有国民经济可行性。从经济净现值指标来进行多方案比较，方案C优于方案A。从三个项目国民经济评价的整体情况来看，考虑环境目标制约后的指标计算结果更为真实，因此在进行项目评价时要充分考虑环境目标。

由于项目A、C通过了第二阶段决策，但本地区只能实施一个项目，故进入第三阶段进行项目选优决策。

6.3.3 第三阶段决策

第三阶段决策主要是采用基于改进的TOPSIS方法对通过第二阶段决策的项目或方案进行选优决策。

（1）效果指标的量化

项目费用效果指标是指费用可以进行货币量化、效果难以货币量化的评价指标。根据本书4.2.3小节中政府决策指标及评价方法，结合项目实际概况对两个备选项目的费用和效果指标进行量化分析（表6-19）。

项目费用效果指标量化　　　　　表6-19

指标类型	具体指标	项目A	项目C	指标属性
费用指标	噪声影响程度（万元/年）	537.60	268.80	费用型
	二氧化硫、氮氧化物、烟粉尘排放影响（万元/年）	121.794	79.71	
	碳排放影响（万元/年）	626.612	408.06	
	对土壤酸碱化的影响（万元/年）	0	0	
	废水排放影响（万元/年）	0	0	
	固体废弃物排放影响（万元/年）	22.12	18.82	
	单位面积成本（万元/m^2）	151.38	104.79	
	项目年纳税总额（万元/年）	853.99	1360.42	
效果指标	是否有降噪措施	3	2	效益型（正向）
	对周围植被的影响	2	3	效益型（负向）
	水土保持措施	3	2	效益型（正向）
	污水处理措施	1	1	效益型（正向）
	所在地能源供应情况	3	2	效益型（正向）
	单位面积能耗	29.17	21.63	效益型（负向）
	占当地能源消费量比例	0.6%	0.4%	效益型（负向）
	建筑系数	38.61%	18.07%	效益型（正向）
	节能技术措施	2	2	效益型（正向）

续表

指标类型	具体指标	项目A	项目C	指标属性
效果指标	节能管理措施	1	0	效益型（正向）
	净现值	7890.35	11970.10	效益型（正向）
	内部收益率	10.59%	12.90%	效益型（正向）
	项目年收入	9191.25	8660.25	效益型（正向）
	是否满足相关政策要求	1	1	效益型（正向）
	群众需求程度	3	3	效益型（正向）
	当地风俗文化适应性	5	3	效益型（正向）
	不同利益群体适应性	5	3	效益型（正向）
	带动就业人数	56	45	效益型（正向）
	带动当地产业发展	3	2	效益型（正向）
	配套设施设置是否合理	1	1	效益型（正向）
	是否影响当地设施	2	3	效益型（负向）
	智能设备配置	1	0	效益型（正向）
	节能设备配置	1	1	效益型（正向）
	施工技术先进性	3	2	效益型（正向）
	是否建设数字化信息平台	1	0	效益型（正向）
	是否推动当地信息建设	1	0	效益型（正向）
	项目危害因素影响程度	3	3	效益型（负向）
	是否可能构成重大污染源	0	1	效益型（负向）
	社会稳定风险	1	2	效益型（负向）
	环境影响风险	1	2	效益型（负向）
	安全生产风险	1	2	效益型（负向）
	管控机制完善程度	3	2	效益型（正向）
	安全事故应急措施	3	2	效益型（正向）
	风险转移措施	1	0	效益型（正向）

注：效益型指标中正、负向指标的判定建立在其指标属性的基础上，是非型指标按0、1打分；非量化指标请专业人员按5级分制根据项目可行性研究报告进行分数确认。

（2）基于改进TOPSIS的项目决策

第三阶段项目决策属于项目前期规划阶段，因此在进行决策分析时基于以下几个假设：

1）不考虑项目决策期间相关政策变动的影响；

2）假设每个备选项目的投资额度不超过政府财政资金扶持力度，即假定每个备选项目投资都在当年财政计划允许范围内；

3）假设社会折现率为固定值，即项目评价不受社会折现率变动影响。

运用改进的TOPSIS法对备选项目A、C进行分析：

1）从原始数据矩阵到加权规范化矩阵

通过对项目进行分析，结合项目的费用效果指标量化结果，得出备选项目A、C的原始数据（X_{ij}）。对项目的原始数据分析处理，进行归一化计算，得到规范化矩阵$\{Y_{ij}\}$。结合各指标权重，规范化后的各指标数据与各指标权重的乘积组成了其加权规范化矩阵$\{Z_{ij}\}$（表6-20）。

各项目评价指标数据　　　　表6-20

项目指标	指标权重	原始矩阵		加权规范化矩阵	
		项目A	项目C	项目A	项目C
噪声影响程度（A11）/万元/年	0.0178	537.60	286.80	0.0000	0.0000
是否有降噪措施（A12）/分	0.0178	3	2	0.0041	0.0027
二氧化硫排放影响（A21）/万元/年	0.0218	64.19	41.8	0.0002	0.0002
氮氧化物排放影响（A22）/万元/年	0.0220	50.3	32.49	0.0003	0.0002
碳排放影响（A23）/万元/年	0.0218	626.612	408.06	0.0000	0.0000
产生烟粉尘影响（A24）/万元/年	0.0205	7.304	5.42	0.0018	0.0013
对土壤酸碱化的影响（A31）/万元/年	0.0220	0	0	0.0000	0.0000
对周围植被的影响（A32）/分	0.0215	2	3	0.0033	0.0050
废水排放影响（A41）/万元/年	0.0223	0	0	0.0000	0.0000
固体废弃物排放影响（A42）/分	0.0210	22.12	18.82	0.0006	0.0005
水土保持措施（A51）/分	0.0218	3	2	0.0050	0.0034

续表

项目指标	指标权重	原始矩阵		加权规范化矩阵	
		项目A	项目C	项目A	项目C
污水处理措施（A52）/分	0.0200	1	1	0.0100	0.0100
所在地能源供应情况（B11）/分	0.0246	3	2	0.0057	0.0038
单位面积能耗（B12）/（kg/m^{2}年）	0.0260	29.17	21.63	0.0006	0.0004
占当地能源消费量比例（B13）/%	0.0268	0.6	0.4	0.0309	0.0206
建筑系数（B21）/%	0.0237	38.61	18.07	0.0005	0.0002
节能技术措施（B31）/分	0.0263	2	2	0.0066	0.0066
节能管理措施（B32）/分	0.0265	1	0	0.0265	0.0000
净现值（C11）/万元	0.0232	7890.35	11970.10	0.0000	0.0000
内部收益率（C12）/%	0.0237	10.59	12.90	0.0009	0.0011
单位面积成本（C13）/万元/m^2	0.0250	151.38	104.79	0.0001	0.0001
项目年收入（C21）/万元	0.0247	9191.25	8660.25	0.0000	0.0000
项目年纳税总额（C22）/万元	0.0243	853.99	1360.42	0.0000	0.0000
是否满足相关政策要求（D11）/分	0.0315	1	1	0.0158	0.0158
群众需求程度（D12）/分	0.0291	3	3	0.0049	0.0049
当地风俗文化适应性（D21）/分	0.0315	5	3	0.0046	0.0028
不同利益群体适应性（D22）/分	0.0324	5	3	0.0048	0.0029
带动就业人数（D31）/人	0.0304	56	45	0.0003	0.0003
带动当地产业发展（D32）/分	0.0296	3	2	0.0068	0.0046
配套设施设置是否合理（E11）/分	0.0169	1	1	0.0085	0.0085
是否影响当地设施（E12）/分	0.0172	2	3	0.0026	0.0040
智能设备配置（E21）/分	0.0176	1	0	0.0176	0.0000
节能设备配置（E22）/分	0.0172	1	1	0.0086	0.0086
施工技术先进性（E31）/分	0.0169	3	2	0.0039	0.0026

续表

项目指标	指标权重	原始矩阵		加权规范化矩阵	
		项目A	项目C	项目A	项目C
是否建设数字化信息平台（E32）/分	0.0173	1	0	0.0173	0.0000
是否推动当地信息建设（E33）/分	0.0169	1	0	0.0169	0.0000
项目危害因素影响程度（F11）/分	0.0214	3	3	0.0036	0.0036
是否可能构成重大污染源（F12）/分	0.0212	0	1	0.0000	0.0212
社会稳定风险（F21）/分	0.0219	1	2	0.0044	0.0088
环境影响风险（F22）/分	0.0210	1	2	0.0042	0.0084
安全生产风险（F23）/分	0.0222	1	2	0.0044	0.0089
管控机制完善程度（F31）/分	0.0215	3	2	0.0050	0.0033
安全事故应急措施（F32）/分	0.0197	3	2	0.0045	0.0030
风险转移措施（F41）/分	0.0221	1	0	0.0221	0.0000

2）确定正、负理想点矩阵

所有指标标准化后都处于0～1之间，因此将1作为所有指标最大值，0作为最小值（避免逆序现象）。通过对多个评价指标进行成本型指标或效益型指标的属性界定，得到两个项目的正负理想点矩阵$\{H'^+\}$和$\{H'^-\}$（式6-1、式6-2）。

$$\{H'^+\} = \begin{Bmatrix} 0 & 0.0178 & 0 & 0 & 0 & 0 & 0 & 0 & 0 & 0.0218 \\ 0.02 & 0.0246 & 0 & 0 & 0.0237 & 0.0263 & 0.0265 & 0.0232 & 0.0237 & 0 & 0.0247 \\ 0.0243 & 0.0315 & 0.0291 & 0.0315 & 0.0324 & 0.0304 & 0.0296 & 0.0169 & 0 & 0.0176 & 0.0172 \\ 0.0169 & 0.0173 & 0.0169 & 0 & 0 & 0 & 0 & 0 & 0.0215 & 0.0197 & 0.0221 \end{Bmatrix}$$

(6-1)

$$\{H'^-\} = \begin{Bmatrix} 0.0178 & 0 & 0.0218 & 0.0220 & 0.0218 & 0.0205 & 0.0220 & 0.0215 & 0.0223 & 0.0210 & 0 \\ 0 & 0 & 0.0260 & 0.0268 & 0 & 0 & 0 & 0 & 0 & 0.0250 & 0 \\ 0 & 0 & 0 & 0 & 0 & 0 & 0 & 0 & 0.0172 & 0 & 0 \\ 0 & 0 & 0 & 0.0214 & 0.0212 & 0.0219 & 0.0210 & 0.0222 & 0 & 0 & 0 \end{Bmatrix}$$

(6-2)

3）计算备选方案与理想点的距离

根据式5-15、式5-16，用欧式距离分别计算两个备选项目与正、负理想点的距离D_i^+（式6-3）和D_i^-（式6-4）。

$$D_i^+ = \{0.0986 \quad 0.1121\} \quad (6-3)$$

$$D_i^- = \{0.0992 \quad 0.0822\} \quad (6-4)$$

4）计算各备选项目理想点贴近度

分别用传统TOPSIS与改进后的TOPSIS计算两个备选项目的理想点贴近度（表6-21）。使用传统TOPSIS分析，项目A与项目C的贴近度相同，都是0.5，无法进行优先排序，通过改进TOPSIS计算，项目A的贴近度为0.0494，项目C的贴近度0.0474，项目C较小，那么政府部门在两个备选项目中应该优先建设项目C。

两个备选项目理想点贴近度计算　　　　表6-21

项目	理想点贴近度 $(R_i)[(R_i = D_i^+ \times D_i^- / (D_i^+ + D_i^-))]$			
	传统TOPSIS	排序	改进TOPSIS	排序
项目A	0.5	无法排序	0.0494	2
项目C	0.5		0.0474	1

基于环境指标量化的第二阶段项目费用效益评价，在考虑环境目标制约后，项目B不具有经济可行性，予以淘汰，从经济净现值评价结果看，项目C较优。结合资源、社会、信息、风险等难以量化的指标，进行改进TOPSIS分析后，仍然是项目C较优。

6.4 本章小结

本章节选取三个同类项目进行基于改进TOPSIS的政府部门三阶段决策。首先，通过因子分析法判断项目的多指标权重；其次，对于通过第一阶段决策的三个项目进行环境、社会指标量化计算，分析环境制约下的费用效益，在考虑环境目标制约后，三个项目的$ENPV$、$EIRR$与B/C均有所降低，项目B的$ENPV<0$，$EIRR<8\%$，$B/C<1$，不具有经济可行性；最后，在技术经济可行的基础上结合环境、资源、经济、社会、信息、风险管控多个目标进一步实现项目优化选择，对项目A与项目C进行基于改进的TOPSIS分析，得出项目A优于项目C，验证了模型的实用性与有效性。

7 某镇污水处理工程项目多目标决策案例实证分析

7.1 某镇污水处理工程项目概况

某镇污水处理工程是县委县政府实施的重点建设项目之一，该项目的实施有利于进一步完善镇区市政基础设施，改善镇区居住环境，也有利于保护渭河流域生态环境。依照近期和远期相结合的原则使该工程建成后满足长期使用，对该城区污水排放量进行调查分析，并结合当地发展规划，确定该污水处理厂建设规模为日处理污水2万t。主要建设内容包括粗格栅、提升泵房、细格栅、旋流沉砂池、初次沉淀池、一体式氧化沟、方形滤池、紫外线消毒池、鼓风机房、配电室、机修间、仓库、综合办公楼等建（构）筑物，敷设污水管网14.5km，新建检查井200个。选取CASS（SBR）作为该污水处理厂工程工艺，该工艺方案技术可靠、且运行成本低，经济合理。项目占地30亩，投资4400.50万元，资金通过申请国家投资及地方政府自筹解决，无银行贷款。项目建设期1年，建设期资金全部投入，运营期计20年，项目计算期共计21年，投产第一年即达到生产能力100%，社会折现率（i_s）取10%；该工程实施后对发展地区经济、保护人民身体健康、改善环境、防止水污染和充分利用水资源将起到积极的推动作用。

该项目涉及政府财政资金，投资规模较大，因此由县级及以上政府部门进行决策。除本污水处理项目外，该县五年规划备选项目库中无类似规模的污水处理工程，故该项目无需进行第三阶段的多方案选择决策。因此，该项目采用第一阶段和第二阶段的两阶段决策。

7.2 项目两阶段决策

7.2.1 第一阶段决策

污水处理厂建成后，处理构筑物与县城规划居住区域公共建筑群保持一定的卫生防护距离，不会对当地大气和水体造成污染，可避免引起群众不满及造成不良环境影响和社会影响，且拟建区为建设用地，不存在居民搬迁及移民问题，环境风险、安全风险、社会稳定风险等级较低。根据相关标准只需填写环境影响报告表、节能审查登记表，顺利通过第一阶段决策，进入第二阶段决策程序。

7.2.2 第二阶段决策

由于本项目为公共配套设施建设，属非营利项目，环境社会效益明显第二阶段决策主要是采用费用效益指标进行环境制约下的项目国民经济评价。

本案例在进行项目费用效益评价时，首先根据项目实际情况整理出现金流量表，其次对费用效益指标量化分析，计算评价指标，进行项目费用效益评价，项目的费用、效益指标均采用现行市场价格，无需进行影子价格调整。

（1）项目费用效益现金流量

本项目为城市污水处理工程，是一项有利于环境保护的公益事业。项目总投资4400.5万元，年均经营成本为123.52万元/年，设计对生产过程中产生的污水、废气、噪声等污染物均采取了相应的处理措施，保证工程建设投产后，各项污染物指标均能达到国家规定的排放标准。根据《中华人民共和国环境保护税法》"下列情形，暂予免征环境保护税：依法设立的城乡污水集中处理、生活垃圾集中处理场所排放相应应税污染物，不超过国家和地方规定的排放标准。"故本项目免缴纳环境保护税。

按目前我国关于水污染水治理相关环保政策与法规，同时考虑本项目按单位污水处理费总承包，每立方米污水收取1元污水处理费，收费额为700万元/年，维持污水处理项目单位正常运营。项目建成投入使用后，其无形效益主要体现在两个方面：社会效益，安置富余劳动力，增加就业机会，该社会效益通过带动就业人数与当地社会平均薪资的乘积来量化；环境效益，该项目使城市污水得到处理，该环境效益通过该环保措施达到节能减排的效果进行量化。将各类效益按照本书5.2.2节方法进行量化计算，则该项目的无形效益包括：

1）社会效益18.05万元/年。具体计算过程为：带动就业人数19人，当地社会平均薪资0.95万元/（人·年），社会效益19×0.95=18.05万元/年。

2）环境效益（CODcr、BOD_5、NH_3-N、TP、SS污染物减少排放量）217.81万元/年。具体计算过程为：项目建成后设计处理污水量2000m^3/d，处理后可减少向水体排放CODcr=1241.00t/年，BOD_5=657.00t/年，NH_3-N=62.05t/年，TP=14.60t/年，SS=657.00t/年，其中相应污染物的污染当量值分别为1kg、0.5kg、0.8kg、0.25kg、4kg，得到各类污染物每年的污染当量数分别为CODcr=1241000，BOD_5=1314000，NH_3-N=77562.5，TP=58400，SS=164250，按照污染当量数从大到小排序，对其他类水污染物按照前三项征收环境保护税，且同一排放口中的CODcr、BOD_5只征收一项（按污染当量数最高的一项收取），则取BOD_5=1314000，SS=164250，NH_3-N=77562.5，每污染当量税额为1.4元。环境效益1314000×1.4+164250×1.4+77562.5×1.4=217.81万元/年。

项目每年直接费用效益见表7-1，每年费用效益见表7-2。

直接费用效益现金流量表（万元） 表7-1

序号	项目	合计 （0年累计折现值）	计算期23年		
			建设期		生产运行期20年
			0	1	2~21
一	现金流入	5417.72	0	0	700.00
1	项目收益	5417.72			700.00
1.1	直接收入	5417.72			700.00
二	现金流出	5356.50	4400.50	0	123.52
2	项目总投资	4400.50	4400.50		
2.1	建设投资	4368.68	4368.68		
2.2	流动资金	31.82	31.82		
3	项目经营成本	956.00			123.52
3.1	直接经营成本	956.00			123.52
三	净现金流量	61.22	-4400.50	0	576.48
	ENPV=61.22		EIRR=10.18%		B/C=1.01

注：投资和流动资金遵循年初习惯法，收益和成本遵循年末习惯法。

项目A费用效益现金流量表（万元） 表7-2

序号	项目	合计 （0年累计折现值）	计算期23年		
			建设期		生产运行期20年
			0	1	2~21
一	现金流入	7243.19	0	0	935.86
1	项目收益	7243.19			935.86
1.1	直接收入	5417.72			700.00
1.2	无形收益	1825.47			235.86
二	现金流出	5356.50	4400.50	0	123.52
2	项目总投资	4400.50	4400.50		
2.1	建设投资	4368.68	4368.68		
2.2	流动资金	31.82	31.82		
3	项目经营成本	956.00			123.52

续表

序号	项目	合计 (0年累计折现值)	计算期23年		
			建设期		生产运行期20年
			0	1	2~21
3.1	直接经营成本	956.00			123.52
3.2	潜在成本	0			0
三	净现金流量	1886.69	-4400.50	0	812.34
	ENPV=1886.69		EIRR=15.07%		B/C=1.35

注：投资和流动资金遵循年初习惯法，收益和成本遵循年末习惯法。

（2）项目费用效益评价

项目的 *ENPV*、*EIRR* 以及 *B/C* 的计算见表7-1。依据《中华人民共和国环境保护税法》，本项目不考虑环境成本，即项目的潜在费用。项目实施后对改善环境、安置富余劳动力将起到积极的推动作用，考虑其社会效益及环境效益，即项目的无形效益（表7-3）。从计算结果可得出考虑无形效益后的项目*ENPV*＞0，*EIRR*大于基准经济收益率10%，且*B/C*＞1，则项目在技术经济上均具有可行性。

项目费用效益评价（万元） 表7-3

不考虑环境目标	项目	考虑环境目标	项目
1. 基本费用	4400.50	1. 基本费用	4400.50
1.1 项目总投资	4400.50	1.1 项目总投资	4400.50
建设期利息	0	建设期利息	0
剔除建设期利息后的总投资	4400.50	剔除建设期利息后的总投资	4400.50
1.2 项目运行成本（万元/年）	123.52	1.2 项目运行成本（万元/年）	123.52
2. 税金辅助费用（万元/年）	9.6	2. 税金辅助费用（万元/年）	9.6
剔除税金后的辅助费用	0	剔除税金后的辅助费用	0
3. 潜在费用（万元/年）	—	3. 潜在费用（万元/年）	0

续表

不考虑环境目标	项目	考虑环境目标	项目
3.1 土地流转费用（万元/年）	—	3.1 土地流转费用（万元/年）	0
费用累计现值（C_T）	5356.50	费用累计现值（C_T）	5356.50
4. 项目直接收入（万元/年）	700	4. 项目直接收入（万元/年）	700
5. 无形效益（万元/年）	—	5. 无形效益（万元/年）	235.86
效益累计现值（B_T）	5417.72	效益累计现值（B_T）	7243.19
经济净现值（ENPV）	61.22	经济净现值（ENPV）	1886.69
经济内部收益率（EIRR）	10.18%	经济内部收益率（EIRR）	15.07%
效益费用比（K）	1.01	效益费用比（K）	1.35

在进行项目评价时，剔除掉建设期利息、税金等转移支付的影响，分别对不考虑潜在费用、无形效益与考虑潜在费用、无形效益两种情况讨论，从计算结果可得：考虑潜在费用、无形效益后，项目的ENPV、EIRR和B/C均有较大幅度的提高，项目的ENPV由61.22增加到1886.69，提高了约30倍；EIRR由10.18%增加为15.07%，提高48%；B/C由1.01升为1.35，提高近34%，因此在进行项目评价时要充分考虑潜在费用和无形效益。该污水处理工程项目可行，无需进行第三阶段决策。

7.2.3 本章小结

本案例说明，政府投资的重点项目不一定全部采用三阶段决策，可根据项目的实际情况和审批的必要性，采用两阶段甚至是一阶段决策。

该镇级污水处理工程可同时解决水环境污染和水资源循环利用问题，且选址适当，无社会稳定风险。采用人口综合法与比例相关法预测得到设计水平年污水排放量为1.74万m^3/d，远期规划年污水排放量为1.96万m^3/d，该污水处理工程项目建成后处理污水量为2万m^3/d，因此该项目可满足该镇长期服务需求，只需选择适宜该镇的工艺技术即可。本设计采用了CASS（SBR）工艺技术，该处理工艺具有简单实用、工程投资低、占地面积小、处理效果好、稳定可靠、自动化程度高、运行管理方便等优点，用该工艺方法建成的城市污水处理厂已在国内多处建成投产，运行状态良好。考虑环境目标制约后，项目的$ENPV$、$EIRR$和B/C均有较大幅度的提高，因此在进行项目评价时要尽量将潜在费用和无形效益进行货币量化。

8 某村猕猴桃产业园项目多目标决策案例实证分析

为验证绿色宜居村镇建设项目多目标决策模型的有效性,从某村现代农业产业园申报项目中选取1个项目进行多目标决策分析。项目决策分析的数据来源为建设项目可行性研究报告。

8.1 某村猕猴桃产业园项目概况

某村积极响应国家"乡村振兴"战略号召,并受周边乡镇辐射带动作用影响,于2012年开始发展猕猴桃种植产业。该项目共占地1800亩,均为土地流转所得,建设内容包括种植园区、办公大楼、包装工厂及万吨气调库。项目建设总投资6669.90万元(第1年初投入)。银行贷款占总投资的35%,贷款利率为5%,贷款在第0年一次支用。建设总投资中建设期利息346.87万元,流动资金23.03万元。项目建设期3年,运营期20年,项目计算期共计23年。项目运营期分近期与远期两阶段,近期指项目建成达到生产能力后的前4年,远期指运营期5~20年。社会折现率(i_s)取8%。该项目属现代农业产业园区建设,有土地流转支出,每亩1000元/年。项目建成后每年直接收入为1.5万元/亩。受该基地示范带动作用影响,周围1万亩土地开始种植猕猴桃,每亩土地较之前增值约1500元/年;同时该项目还吸纳周围群众就业200人,每人工资约为7000元/年。因该项目属涉农项目,本身就是绿色农业,因此在其建设期及运营期内均不存在污染。

该项目规模小、投资金额少,是为响应国家扶贫号召,以农户及村集体发展需求为前提进行项目提议与决策的村集体产业项目,属龙头企业+村集体+农户的投资模式。因此由村集体采用经济、社会、环境效益相结合的费用效益分析模型,判断项目的可行性。

8.2 项目效益费用分析

村集体产业建设项目应以环境、社会、经济为主要评价目标。但该项目本身属于绿色农业，环境边际投入和产出可以忽略不计。该项目的致富带动作用明显，应该着重进行社会效益分析。因此该项目的可行性分析是基于社会指标货币量化后，采用费用效益指标进行社会效益带动下的项目国民经济评价。

在进行本项目费用效益评价时，首先根据项目实际情况整理出现金流量表；其次对费用效益指标进行量化分析；最后计算费用效益评价指标，进行项目国民经济评价。由于市场秩序良好，供需基本平衡，项目的费用、效益指标均采用现行市场价格，无需进行影子价格调整。

（1）项目费用效益现金流量

项目总投资6669.90万元，包括建设投资6300万元，建设期利息346.87万元，流动资金23.03万元。由于国民经济评价中国内贷款利息属转移支付，利息应从总投资中剔除，不参与现金流出计算，故项目总投资为6323.03万元。由于国民经济评价中税金也属转移支付，因此项目每年上缴的税金也不参与现金流出计算；且该项目属涉农项目，不缴纳税款。在考虑社会效益的情况下，该项目建成后由于其示范带动作用，可带动周围农户进行猕猴桃种植，实现土地增值，增加农户收入，促进经济发展；同时还可吸纳周围群众就业，增加村民收入。将社会效益指标按照本书5.1.2节及5.2.2节方法进行量化计算，则项目运行期的社会效益包括：

1）对当地就业的带动作用，带动就业200人，每人工资约为7000元/年，就业带动效益具体计算过程为：200×0.7=140万元/年。

2）对周边经济的带动作用，带动周边猕猴桃种植1万亩，每亩增值1500元/年，具体计算过程为：10000×0.15=1500万元/年

项目每年直接费用效益见表8-1，每年费用效益见表8-2。

项目直接费用效益现金流量表（万元）　　　　　表8-1

项目	合计 (0年累计折现值)	计算期23年						
		建设期		生产运行期20年				
		0	1~3	4	5	6	7	8~23
一 现金流入	18586.45			1260	1620	1980	2340	2700
1.1 项目收益	18586.45			1260	1620	1980	2340	2700
1.1.1 直接收入	18586.45			1260	1620	1980	2340	2700
二 现金流出	17395.90	6323.03	180	1080	1170	1260	1350	1440
2.1 项目总投资	6323.03	6323.03						
2.1.1 建设投资	6300	6300						
2.1.2 流动资金	23.03	23.03						
2.2 项目经营成本	11072.87		180	1080	1170	1260	1350	1440
2.2.1 直接经营成本	9206.08			900	990	1080	1170	1260
2.2.2 土地流转成本	1866.79		180	180	180	180	180	180
三 折现值	1190.55	-6323.03	-180	180	450	720	990	1260

ENPV=1190.55　　　　EIRR=9.45%　　　　B/C=1.07

注：投资和流动资金遵循年初习惯法，收益和成本遵循年末习惯法。数据精确至小数点后两位。项目总投资不含建设期利息。

项目费用效益现金流量表（万元）　　　　　表8-2

项目	合计 (0年累计折现值)	计算期23年						
		建设期		生产运行期20年				
		0	1~3	4	5	6	7	8~23
一 现金流入	31368.55			2900	3260	3620	3980	4340
1.1 项目收益	31368.55			2900	3260	3620	3980	4340
1.1.1 直接收入	18586.45			1260	1620	1980	2340	2700
1.1.2 社会效益	12782.10			1640	1640	1640	1640	1640
二 现金流出	17395.90	6323.03	180	1080	1170	1260	1350	1440
2.1 项目总投资	6323.03	6323.03						
2.1.1 建设投资	6300	6300						
2.1.2 流动资金	23.03	23.03						
2.2 项目经营成本	11072.87		180	1080	1170	1260	1350	1440

续表

项目	合计(0年累计折现值)	计算期23年						
		建设期		生产运行期20年				
		0	1~3	4	5	6	7	8~23
2.2.1 直接经营成本	9206.08			900	990	1080	1170	1260
2.2.2 土地流转租金	1866.79		180	180	180	180	180	180
三 折现值	13972.65	-6323.03	-180	1820	2090	2360	2630	2900
ENPV=13972.65		EIRR=20.72%				B/C=1.80		

注：投资和流动资金遵循年初习惯法，收益和成本遵循年末习惯法。项目总投资不含建设期利息。

（2）项目费用效益评价

项目的 $ENPV$、$EIRR$ 以及 B/C 的计算见表8-3。由于村集体的项目建设必须以群众和村集体的发展需求为前提，因此有必要考虑项目建设对当地的经济及产业带动作用及就业效果，即项目的无形效益。该项目属于村集体产业项目，园区建设完全遵从绿色农业园区建设标准，因此不存在社会成本。从计算结果可得出，考虑社会效益前后的项目的 $ENPV>0$，$EIRR>8\%$，且 $B/C>1$，则项目在技术经济上均具有可行性。

项目费用效益评价（万元） 表8-3

不考虑环境目标	累计折现值	考虑环境目标	累计折现值
1. 基本费用	6669.90	1. 基本费用	6669.90
1.1 项目总投资	6669.90	1.1 项目总投资	6669.90
建设期利息	346.87	建设期利息	346.87
剔除建设期利息后的总投资	6323.03	剔除建设期利息后的总投资	6323.03
1.2 项目经营成本	11072.87	1.2 项目经营成本	11072.87
费用累计现值（C_T）	17395.90	费用累计现值（C_T）	17395.90
2. 项目直接收入	18586.45	2. 项目直接收入	18586.45

续表

不考虑环境目标	累计折现值	考虑环境目标	累计折现值
3. 无形效益	—	3. 无形效益	12782.1
3.1 对就业的带动作用	—	3.1 对就业的带动作用	1091.15
3.2 对周边经济的带动作用	—	3.2 对周边经济的带动作用	11690.95
效益累计现值（B_T）	18586.45	效益累计现值（B_T）	31368.55
经济净现值（ENPV）	1190.55	经济净现值（ENPV）	13972.65
经济内部收益率（EIRR）	9.45%	经济内部收益率（EIRR）	20.72%
效益费用比（K）	1.07	效益费用比（K）	1.80

在进行项目评价时，剔除掉建设期利息、税金等转移支付的影响。量化无形效益，分别对不考虑社会目标与考虑社会目标制约两种情况讨论，从计算结果可得：考虑社会目标制约后，项目的ENPV、EIRR、B/C均有较大幅度的增加，项目的ENPV由1190.55升为31368.55，提高约26倍；EIRR由9.45%升为20.72%，提高约19%；B/C由1.07升为1.80，提高约68%，说明现代农业项目国民经济评价时应充分考虑社会效益的货币量化。

8.3 本章小结

本案例说明，村集体决策的建设项目一般只进行一阶段评价，主要是对经济、环境、社会效益进行评价。

现代农业产业园项目应充分考虑其示范带动效应，这样才能客观公正地展示这类项目的全部效果。

9 结论与展望

9.1 结论

绿色宜居村镇是"乡村振兴战略"的总要求之一，为了使村镇建设项目决策更加绿色宜居，实现资源最大化利用，本研究初步探讨了目前村镇建设项目在前期投资决策阶段的现状及问题，结合绿色宜居村镇建设项目特点及项目决策程序分别建立绿色宜居导向下的政府部门决策模式及村集体组织决策模式，在经过一系列的研究探讨后得出以下结论和研究成果：

（1）针对目前村镇项目在前期决策存在的问题，结合绿色宜居村镇建设项目特点与项目决策程序，本研究将绿色宜居村镇建设项目决策模式分为政府部门决策与村集体组织决策，分别建立了包括环境、资源、经济、社会、信息、风险管控等多个目标的政府部门决策指标体系与包括环境、经济、社会的村集体组织决策指标体系，丰富了村镇建设项目评价指标，使得项目评价更加全面、绿色。

（2）通过环境、社会指标量化，综合考虑环境、社会、经济三大目标对项目进行费用效益分析，通过计算结果可得，在考虑环境目标后，项目的 ENPV、EIRR、B/C 均有可能下降，也有可能上升，有的高污染项目甚至由可行转为不可行。通过对传统的费用效益分析进行了外部效果量化改进，使得项目评价更加绿色、科学。

（3）根据政府部门决策特点构建了基于改进TOPSIS的三阶段决策模型，综合考虑多个评价指标，引入新的相对贴近度，既可以克服传统TOPSIS分析法的两个缺陷，又在技术经济可行的基础上综合环境、资源、经济、社会、信息、风险管控多个目标，方便政府部门进行项目优化选择，促进多目标协调发展。

9.2 展望

本书针对绿色宜居村镇建设项目前期规划阶段的多目标决策进行了深入研究，但在某些方面仍然存有进一步探讨的空间。本书构建的绿色宜居村镇建设项目多目标决策指标体系较为全面，既考虑了不同类型项目的共性指标，又考虑了其特性指标，但指标分类不充分，不同地域项目特点考虑不足，使得评价指标体系的针对性不强。今后还可以根据绿色宜居村镇建设项目类型和不同经济发展地区的特点进行多目标、多属性、指标权重可变的项目决策评价指标划分，以使不同类别项目的多目标决策模型更加精准有效。

附录 A　政府部门多目标决策指标调查问卷

本问卷主要是针对绿色宜居村镇建设项目多目标决策时考虑的指标进行调查，以找出影响绿色宜居村镇建设项目多目标决策的因素，问卷内容仅用于课题研究，不存在泄露信息的情况，感谢您的支持！

填写说明：

本书所说的绿色宜居村镇是指在国家"乡村振兴战略"背景下提出的通过绿色项目建设、节能技术改造、产业发展等措施建设起来的环境宜居、资源友好、经济发展、设施完备、社会稳定的各类村镇；本书所说的建设项目多目标决策是指各类项目申报后，政府部门在项目库中进行前期决策时，综合考虑环境、资源、经济、社会、设施、信息、安全、风险多个目标层面，从而选出更适宜的项目进行建设。

问卷共分3部分：第一部分——受访者的基本信息调查；第二部分——绿色宜居村镇建设项目多目标决策的相关指标，采用李克特5分量表法评价；第三部分——其他宝贵意见。

李克特5分量表表示图：

第一部分　受访者基本信息

1. 您所在单位（　　）。

A．政府部门　　B．建设单位　　C．设计规划研究院

D. 科研机构（包括高校）　　E. 其他

2. 您的工作年限（包括研究时间）（　　）。

A. 1～3年　　B. 3～5年　　C. 5～10年　　D. 10年以上

3. 您的职称（　　）。

A. 初级　　B. 中级　　C. 高级　　D. 其他

第二部分　绿色宜居村镇建设项目多目标决策指标重要程度判断

评价指标	指标解释	1分	2分	3分	4分	5分
环境目标——项目建设是否符合相应环境评估标准，实现对当地环境的保护							
噪声影响程度	衡量项目建设对声环境的影响					
是否有降噪措施						
二氧化硫排放影响	衡量项目对大气环境的影响，有害物质排放是否超过标准					
氮氧化物排放影响						
碳排放影响						
产生烟粉尘影响						
对土壤酸碱化的影响	是否造成土壤pH值的变化					
对周围植被的影响	是否会保护周围植被					
废水排放影响	是否造成水体污染					
固体废弃物排放影响	是否进行垃圾处理					
水土保持措施	是否有相应环境保护措施					
污水处理措施						
资源目标——项目建设是否符合相应节能评估标准，不对当地能源消费造成负担							
所在地能源供应情况	衡量项目建设对当地能源消费的影响					
单位面积能耗						
占当地能源消费量比例						

续表

评价指标	指标解释	1分	2分	3分	4分	5分
建筑系数	衡量项目是否做到土地资源高效利用					
容积率						
节能技术措施	是否引入节能型工艺					
节能管理措施	衡量项目人员节能意识					
经济目标——建设项目是否满足基本经济指标,是否能够带动当地经济发展						
净现值	衡量项目基本财务生存能力					
内部收益率						
单位面积成本						
项目年收入	衡量建设项目对当地经济的影响					
项目年纳税总额						
社会目标——建设项目是否能够适应当地社会风俗,带动就业增长、产业发展						
是否满足相关政策要求	衡量项目建设的合理性、必要性					
群众需求程度						
当地风俗文化适应性	衡量项目建设是否有利于社会稳定					
不同利益群体适应性						
带动就业人数	衡量项目建设是否带动当地社会发展					
带动当地产业发展						
设施目标——项目建设是否具有完善的配套设施,并推动当地设施建设						
配套设施设置是否合理	衡量项目设施配置情况					
是否影响当地设施						
智能设备配置	体现项目主要设备					
节能设备配置						

续表

评价指标	指标解释	1分	2分	3分	4分	5分
信息目标——项目建设是否先进						
施工技术先进性	衡量项目信息技术的使用情况					
是否建设数字化信息平台						
是否推动当地信息建设						
安全目标——项目建设是否符合安全生产评估标准，是否可能造成重大安全事故						
项目危害因素影响程度	衡量项目危险程度					
是否可能构成重大污染源						
安全事故应急措施	衡量项目人员安全意识					
风险目标——项目建设是否存在重大风险，保证项目顺利建设						
社会稳定风险	衡量项目建设是否会激发重大社会矛盾					
环境影响风险	衡量项目建设过程中对周边居民生活环境的影响					
安全生产风险	衡量项目建设是否存在潜在安全问题					
管控机制完善程度	衡量项目建设风险应对能力					
风险转移措施						

第三部分　提出意见

请您针对上述政府部门决策项目多目标决策指标提出宝贵意见（可补充指标）：

附录 B 村集体组织多目标决策指标调查问卷

本问卷主要是针对绿色宜居导向下村集体组织进行建设项目多目标决策时考虑的指标进行调查，以找出影响绿色宜居村镇建设项目多目标决策的因素，请您在1～5分之间对指标重要程度进行打分，问卷内容仅用于课题研究，不存在泄露信息的情况，感谢您的支持！

村集体组织项目多目标决策指标重要程度判断

目标层面	指标层面	1分	2分	3分	4分	5分
经济目标	项目建设成本					
	项目运行成本					
	项目年收入					
	项目年纳税总额					
社会目标	群众生活安全便利程度					
	文化景观效益					
	带动就业效果					
	带动当地产业发展					
环境目标	污染物排放成本					
	节约能源效益					
	改善生态环境质量					

参考文献

[1] 中国共产党第十六届中央委员会第五次全体会议公报[EB/OL].（2015.10.12）. https://www.ccdi.gov.cn/special/wzqh/ljwzqh_wzqh/slj_wzqh/201510/t20151029_64190.html.

[2] 千方百计扩大农业农村有效投资全面实施乡村振兴战略[EB/OL].（2020.12.22）. http://news.hexun.com/2020-12-22/202676556.html.

[3] 习近平在中国共产党第十九次全国代表大会上的报告[EB/OL].（2017.10.28）. http://cpc.people.com.cn/n1/2017/1028/c64094-29613660.html.

[4] 中国共产党第十九届中央委员会第五次全体会议公报[EB/OL].（2020.10.30）. http://js.people.com.cn/n2/2020/1030/c359574-34383195.html.

[5] 中共中央关于制定国民经济和社会发展第十四个五年规划和二〇三五年远景目标的建议[EB/OL].（2020.11.03）. https://www.12371.cn/2020/11/03/ARTI1604398127413120.shtml.

[6] 国务院办公厅关于改善农村人居环境的指导意见[EB/OL].（2014-05-29）. http://www.gov.cn/zhengce/content/2014-05/29/content_8835.htm.

[7] 中共中央 国务院关于落实发展新理念加快农业现代化 实现全面小康目标的若干意见[EB/OL].（2016-01-27）. http://www.gov.cn/zhengce/2016-01/27/content_5036698.htm.

[8] 住房和城乡建设部关于开展绿色村庄创建工作的指导意见[EB/OL].（2016-03-23）. http://www.mohurd.gov.cn/wjfb/201603/t20160324_227003.html.

[9] 李柏桐，李以通，李晓萍. 绿色宜居村镇住宅建造标准需求分析[J]. 建筑热能通风空调，2021，60（1）：85-89.

[10] 宋彦红，平二丹，周小雷，等. 京津冀绿色村镇住宅柔性设计方式探索[J]. 小城镇建设，2017（1）：64-69.

[11] 熊天玉. 基于绿色技术的皖江地区村镇住宅优化设计研究[D]. 南京：东南大学，2015.

[12] Mansor M, Said I. Place attachment of residents to green infrastructure network in small towns[J]. Proceedings of the 9th SENVAR, 2008: 325-360.

[13] 戚正海，刘晓艺. 绿色村镇住宅建设模式研究[J]. 建筑知识，2017，37（13）：87.

[14] 赵天宇，刘宇舒. 严寒地区村镇绿色建筑行动路径研究[J]. 建筑科学，2015，31（8）：1-6.

[15] Setijanti P, Defiana I, Setyawan W, et al. Traditional settlement livability in creating sustainable living[J]. Procedia-Social and Behavioral Sciences, 2015, 179: 204-211.

[16] Khorasani M, Zarghamfard M. Analyzing the impacts of spatial factors on livability of peri-urban villages[J]. Social Indicators Research, 2018, 136(2): 693-717.

[17] Wang Y, Zhu Y, Yu M. Evaluation and determinants of satisfaction with rural livability in China's less-developed eastern areas: A case study of Xianju County in Zhejiang Province[J]. Ecological Indicators, 2019, 104: 711-722.

[18] Liu Z, Wu W, Zhang Y, et al. SWOT quantitative model of livable communities' construction in China's villages and towns[J]. Journal of Interdisciplinary Mathematics, 2017, 20(4): 1127-1138.

[19] Guo L J, Li S T, Sun H Q. The strategic research on green space system planning of small towns in cold region[C]//Applied Mechanics and Materials. Trans Tech Publications, 2014, 641: 502-505.

[20] 吕小勇，王涛. 严寒地区村镇建设现状特征及绿色提升策略[J]. 建筑节能，2018，46（8）：146-152.

[21] Wang Z H, Jiang W Q. Environmental Protection of Ancient Towns and Villages of China[C]//Advanced Materials Research. Trans Tech Publications, 2013, 726: 6073-6076.

[22] Ruggeri D. From blues to green: the future of new towns worldwide[M]//Now Urbanism. Routledge, 2014: 57-72.

[23] 于光玉，李勤，程伟. 乡村振兴视角下宜居村镇建设策略研究——以山东省淄博市双杨镇为例[J]. 西安建筑科技大学学报（社会科学版），2019，38（4）：44-49.

[24] 王雯慧. 建设宜居村镇根本出路在于创新[J]. 中国农村科技，2018（2）：22-26.

[25] Gong D, Yang X, Wang S. Survey on the Evaluation Index System of a Green Village in a Cold Region[M]//ICCREM 2015. 389-399.

[26] 丁丹丹. 绿色村镇新能源利用评价系统的设计与实现[D]. 哈尔滨：哈尔滨工业大学，2017.

[27] 王涛. 东北严寒地区绿色村镇体系的系统构建及综合评价应用研究[D]. 哈尔滨：哈尔滨工业大学，2017.

[28] 杜博文，曹昌盛，侯玉梅，等. 绿色生态村镇环境指标体系量化方法研究[J]. 建设科技，2016（15）：100-103.

[29] Wang X. The research on the evaluation index system of livable rural areas in China—by the case of rural areas in Henan Province[J]. Agriculture and Agricultural Science Procedia, 2010, 1: 456-461.

[30] 程金，朱成浩，王世忠，等. 我国北方村镇宜居评价指标体系研究[J]. 山西建筑，2016，42（12）：1-2.

[31] 李莹，马齐如，印兆麟. 有关北方宜居村镇评价指标体系的构建[J]. 山西建筑，2016，42（10）：32-34.

[32] 马齐如，李莹，程金. 村镇宜居性评价模型的构建研究和实证分析——以黑龙江省绥化市上集镇为例[J]. 经济师，2016（5）：148-149.

[33] 刘真心，邬文兵. 浅析我国村镇宜居社区建设[J]. 科技创新与应用，2016（29）：87.

[34] 哈肯. 高等协同学[M]. 北京：科学出版社，1989：10-15.

[35] 周梦玲. 重大工程项目决策模式探讨[D]. 南京：东南大学，2006.

[36] 谷民崇. 我国省级政府投资决策模式转变研究[D]. 沈阳：东北大学，2011.

[37] 杨海旭. 政府投资项目前期建设排序决策模型研究[D]. 深圳：深圳大学，2015.

[38] 杨文昌. 多目标线性规划在项目管理中的应用[J]. 中国管理信息，2013，16（4）：61-63.

[39] 李素蕾，吴广源. 基于灰色模糊评价和TOPSIS法的大型公共工程项目投资决策研究[J]. 兰州大学学报（自然科学版），2020，56（4）：471-476.

[40] 白冬晖. 基于灰色关联度—TOPSIS法的畜牧业项目优选决策模型及其应用[D]. 沈阳：沈阳农业大学，2016.

[41] 蒲天添. 基于AHP模型的工程项目风险预警分析[J]. 统计与决策，2018，34（21）：182-185.

[42] 李忠富，李州扬，蔡晋. 绿色公共建筑运营阶段BIM技术费用效益分析[J]. 建筑经济，2020，41（11）：90-95.

[43] 段小萍，陈奉功. 基于全生命周期的合同能源管理项目融资风险研究[J]. 科技管理研究，2018，38（23）：235-243.

[44] Maghsoudlou H, Afshar-Nadjafi B, Niaki S T A. Multi-skilled project scheduling with level-dependent rework risk; three multi-objective mechanisms based on cuckoo search[J]. Applied Soft Computing, 2017, 54: 46-61.

[45] Zhang Y, Le J, Liao X, et al. Multi-objective hydro-thermal-wind coordination scheduling integrated with large-scale electric vehicles using IMOPSO[J]. Renewable energy, 2018, 128: 91-107.

[46] 谢春燕，赖海燕. 基于博弈理论的高速公路运营管理多目标决策研究[J]. 西部交通科技，2019（8）：179-182.

[47] 中华人民共和国村民委员会组织法[EB/OL]. （2010-10-28）. http://

www.gov.cn/flfg/2010-10/28/content_1732986.htm.

[48] 中华人民共和国城市规划法[EB/OL].（2010-10-28）. http://www.gov.cn/ziliao/flfg/2007-10/28/content_788494.htm.

[49] 乡村振兴战略规划（2018—2022年）[EB/OL].（2018-09-26）. http://www.gov.cn/zhengce/2018-09/26/content_5325534.htm.

[50] 关于调整建镇标准的报告[EB/OL].（1984-11-22）. http://www.110.com/fagui/law_2508.html.

[51] 中华人民共和国2017年国民经济和社会发展统计公报[EB/OL].（2018-02-28）. http://news.xinhua08.com/a/20180228/1750499.shtml.

[52] 改革开放40年 中国城市大崛起[EB/OL].（2018-06-23）. http://www.ce.cn/xwzx/gnsz/gdxw/201806/23/t20180623_29508569.shtml.

[53] 中国共产党第十八届中央委员会第五次全体会议公报[EB/OL].（2015-10-29）. http://www.xinhuanet.com//politics/2015-10/29/c_1116983078.htm.

[54] 与沪同城·毗邻合作 浙江平湖广陈镇"四化"举措全力打造"长三角"放心消费先行区[EB/OL].（2020-10-22）. https://www.cqn.com.cn/zj/content/2020-10/22/content_8639417.htm.

[55] 全南县：大力发展特色产业，打造农业产业示范园区[EB/OL].（2015-07-23）. http://www.gzdw.gov.cn/n289/n431/n636/c13677651/content.html.

[56] 中共中央 国务院关于实施乡村振兴战略的意见[EB/OL].（2018-01-02）. http://www.gov.cn/zhengce/2018-02/04/content_5263807.htm.

[57] 社会资本投资农业农村指引[EB/OL].（2020-04-13）. http://www.gov.cn/zhengce/zhengceku/2020-04/16/content_5502951.htm.

[58] 住房城乡建设部村镇建设司负责人解读《关于开展绿色村庄创建工作的指导意见》[EB/OL].（2016-03-29）. http://www.gov.cn/zhengce/2016-03/29/content_5059519.htm.

[59] 绿色建筑评价标准[EB/OL].（2019-03-13）. http://www.jianbiaoku.com/webarbs/book/65238/3953494.shtml.

[60] 马英娟. 政府监管机构研究[M]. 北京：北京大学出版社，2007.

[61] 刘晓君. 工程经济学[M]. 北京：中国建筑工业出版社，2019.

[62] 张泽亚，安佳坤，周兴华，等. 基于AHP和TOPSIS法的电采暖综合效益评价方法研究[J/OL]. 电测与仪表：1-7[2021-04-08]. http://kns.cnki.net /kc ms/detail/23.1202.TH.20210305.1123.004.html.

[63] 中共中央 国务院关于深化投融资体制改革的意见[EB/OL]. （2016-7-18）. http://www.gov.cn/zhengce/2016-07/18/content_5092501.htm.

[64] 政府投资条例[EB/OL]. （2019-05-05）. http://www.gov.cn/zhengce/content/2019-05/05/content_5388798.htm.

[65] 中央预算内投资资本金注入项目管理办法[EB/OL]. （2021-06-19）. http://www.cs.com.cn/sylm/jsbd/202106/t20210629_6179560.html.

[66] 财政部，农业部. 关于深入推进农业领域政府和社会资本合作的实施意见[EB/OL]. （2017-05-31）. http://www.chinacoop.gov.cn/HTML/2017/06/07/117081.html.

[67] 全国人大常委会. 中华人民共和国土地管理法[EB/OL]. （2019-09-05）. http://www.npc.gov.cn/npc/c30834/201909/d1e6c1a1eec345eba23796c6e8473347. shtml.

[68] 全国人大常委会. 中华人民共和国村民委员会组织法[EB/OL]. （2019-01-07）. http://www.npc.gov.cn/npc/c30834/201901/188c0c39fd8745b1a3f21d102a57587a.shtm.

[69] 中共中央办公厅 国务院办公厅印发《数字乡村发展战略纲要》[EB/OL]. （2019-05-16）. http://www.gov.cn/zhengce/2019-05/16/content_5392269.htm.

[70] 环境保护部. 关于发布国家环境质量标准《环境空气质量标准》的公告[EB/OL]. （2012-02-29）.http://www.mee.gov.cn/gkml/hbb/bgg/201203/t20120302_224145.htm.

[71] 国务院. 关于发布《政府核准的投资项目目录（2016年本）》的通知[EB/OL]. （2016-12-20）. http://www.gov.cn/zhengce/content/2016-12/20/content_5150587.ht.

[72] 国务院办公厅. 关于开展工程建设项目审批制度改革试点的通知[EB/OL]. (2018-05-18). http://www.gov.cn/zhengce/content/2018-05/18/content_5291843.htm.

[73] 陈艳华, 朱斌. 企业主流与新流创新柔性机制——一项基于扎根理论的多案例探索性研究[J/OL]. 科技进步与对策: 1-10[2020-12-24]. http://kns.cnki.net/kcms/detail/42.1224.G3.20201218.1053.006.html.

[74] 中华人民共和国环境影响评价法[EB/OL]. (2019-01-11). http://www.jjjczmee.gov.cn/djfg/giflfg/fl/200210/t20021001_444291.html.

[75] 中华人民共和国节约能源法[EB/OL]. (2017-11-03). http://www.nea.gov.cn/2017-11/03/c_136725225.htm.

[76] 中华人民共和国环境保护法[EB/OL]. (2018-07-17). http://www.maxlaw.cn/top/20180717/hjbhf.shtml.

[77] 生态环境部. 关于发布国家环境保护标准《建设项目环境风险评价技术导则》的公告[EB/OL]. (2018-10-16). http://www.mee.gov.cn/xxgk2018/xxgk/xxgk01/201810/t20181024_665301.html.

[78] 全国人民代表大会. 全国人民代表大会常务委员会关于修改《中华人民共和国安全生产法》的决定[EB/OL]. (2021-6-10). http://www.gov.cn/xinwen/2021-06/11/content_5616916.htm.

[79] 国家发展改革委. 关于印发《国家发展改革委重大固定资产投资项目社会稳定风险评估暂行办法》的通知[EB/OL]. (2012-8-16). https://www.ndrc.gov.cn/fggz/gdzctz/tzfg/201907/t20190717_1197572.html?code=&state=123.

[80] 李振涛, 付楚芮. 基于环境制约的现代煤化工项目效益评估方法研究[J]. 煤炭工程, 2020, 52 (12): 157-162.

后 记

在三年的研究成果即将与读者见面时，回想起17位研究团队师生，12次深入村镇实地调研，与县、镇、乡、村干部50多场座谈交流，在70多个村镇建设项目的实地考察，同100多位村民的促膝访谈，看到一个个建设项目让村镇天蓝、水清、山绿、路通、街靓、家和、人富，听到村民感谢党和政府的肺腑之言，不禁心潮澎湃、感慨万千。从西部甘肃省兰州新区到东部江苏省苏州市吴江区，从关中平原的武功县到渝中经济区的垫江县，从秦岭东段南麓的汉字故里洛南县到西周文化的发祥地、佛教名刹法门寺所在地扶风县，我们无数次领略到祖国山川的壮丽秀美、中华文化的博大精深、中国人民的聪明智慧、改革开放的巨大成就、组织起来的无穷力量、脱贫攻坚的累累硕果的乡村振兴的正当其时。

我们见证了禹平川秦岭原乡景区的百里竹廊、万亩花海、佛山红叶、鞑子梁、农家民宿、风车酒店的休闲浪漫和回归自然；见证了仓颉文化艺术园仓圣广场、仓颉造字博物馆、洛惠渠景观、洛河源湿地公园的宁静肃穆和庄重典雅；通过世界文化遗产退思园，古镇商业街明清建筑的小桥、流水、人家，同里湿地公园的水杉林、池杉林、枇杷园、香樟园、银杏园、竹林园，见证了同里古镇的民俗精华和梦里水乡，彰显了田园综合体"特色产业+文化+旅游"的发展模式，印证了"绿水青山就是金山银山"的科学论断。

我们目睹了垫江县与中惠旅公司合作打造的牡丹花海景区和牡丹文化节的芬芳浓郁和五彩缤纷；目睹了中国首个以蚕桑文化为主题、集农业示范、蚕桑科研、文化休闲、科普展示为一体太湖雪蚕桑文化园的浑然天成和文化传承；目睹了武功县11.6万亩猕猴桃、5.1万只存栏奶山羊和9580亩设施农业为主的"3+X"农业产业体系初步构建，凸显了"现代生态农业+加工+文化+旅游"的发展模式，印证了推动农村一二三产业融合发展，丰富乡村经济业态，增加农业附加值的可行性。

我们体验了陕西绿益隆农林发展有限公司高效、绿色、有机农业的辐射带动作用，公司投资6390多万元，采用电商+基地+公司+合作社+农户的模式，建设现代猕猴桃标准示范园，流转土地1800余亩，每亩租金1000元/年，吸纳周边12个行政村879户建档立卡贫困户产业资金，按9%兑现红利110万元，为附近群众提供600个就业岗位，每人每年平均收入8200多元，举办技术培训3000余人，带动周边群众发展猕猴桃种植2000多亩；体验了陕西农产品加工贸易示范园区武功园区的绿色化、专业化、智慧化，园区包括提供企业总部、金融商务、商业配套、创新研发、餐饮娱乐、居住配套等服务的综合服务区，集金融信息、电子商务、冷链物流、质量检测、产品展销为一体的农产品交易中心，包括粮油、禽畜、果蔬等农产品精深加工以及农产品剩余物的循环加工区，包括营养保健品、乳制品、生物制品、烘烤食品、方便食品、酒和饮料的高端食品制造区，包括农业观光、健康休闲、科普拓展、生态维护等功能的生态休闲区，创新了"农业现代产业园"发展模式，体现了加强粮食生产功能区、重要农产品生产保护区和特色农产品优势区建设的重要性。

我们感受了各地区以县城、重点镇、园区为产业发展核心，加大物流运输设施、仓储设施、物流骨干网建设，将电子商务和现代物流作为城乡融合、三产融合的纽带所产生的显著成效。一是加大县城社区和村镇物流配送设施末端网点建设，形成层级合理、规模适当、环节少、成本低、需求匹配的物流仓储配送网络；二是激活农村电子商务生态，大力发展农村买家、卖家，培育县级电子商务综合服务商群体，拓展物流、仓储、代运营服务群体；三是加快农村综合服务创新，建设农产品线上销售支撑体系，推进村民代购服务,鼓励农村O2O模式发展;四是培育一批经济实力雄厚、经营理念和管理方式先进、核心竞争力强的大型冷链物流企业,加快节能环保的各种新型冷链物流技术的自主研发和引进吸收,建立区域性各类生鲜农产品冷链物流公共信息平台,实现数据交换和信息共享。

衷心感谢洛南县、武功县、柞水县、扶风县、兰州新区、湄潭县、鄠邑区、垫江县、吴江区、丹凤县、山阳县领导在我们调研期给予的大力支持和帮助!愿科学决策的建设项目不断助推我国更多的村镇日益绿色宜居!